www.tredition.de

AF196130

Kerstin Böcker

Abnehmen - Endlich erfolgreich.

Die wahrscheinlich beste Methode der Welt.

© 2015 Kerstin Böcker

Verlag: tredition GmbH, Hamburg

ISBN
Paperback: 978-3-7323-6170-0

Printed in Germany

1. Auflage 2015
Lektorat: Diana Barth
Cover: Andreas Klinger
www.intherki.de
Alle Rechte vorbehalten.

Vorwort

„Mama, warum ist Onkel Ralf so dick?" Die Mutter antwortet: „Weil Onkel Ralf schon immer so dick war." Und das Kind erwidert: „Aber du warst auch dick und jetzt bist du schlank."

Die Tatsache, dass etwas schon lange so war, heißt also nicht, dass es so bleiben muss.

Also ist die Erklärung der Mutter eine Ausrede?

In diesem Buch geht es in erster Linie darum, zu definieren, was du möchtest und wie du es möchtest. Ich gehe davon aus, dass jeder Mensch, der sich dieses Buch kauft, abnehmen oder zumindest eine sehr effektive Methode kennenlernen möchte, wie sie oder er dieses Ziel Abnehmen erreichen kann. Ich denke auch, dass du nicht nur kurzfristig abnehmen möchtest, um dann wieder zuzunehmen. Den Jo-Jo-Effekt kennst du vielleicht schon und hast genau darauf keine Lust mehr. Was ich verstehen kann. Denn dieser Effekt macht ein schlechtes Gefühl.

Es geht darum, dass du lernst, in dich hineinzuhören und achtsam zu sein. Genauso geht es darum, dass du dich wertschätzen lernst.
Wenn du ein positives Gefühl zu dir bekommst, wird es dir viel leichter fallen abzunehmen.

Stell dir vor, du wüsstest ganz genau, wie du es abstellen kannst, ständig naschen zu wollen. Oder besser gesagt, stell dir vor, du wüsstest, warum du ständig Süßes essen willst und könntest dieses Gefühl verändern.

Wir essen, um unseren Hunger zu befriedigen, bis wir satt sind. Hunger wird mittlerweile hierzulande inflationär gebraucht für alle möglichen Bedürfnisbefriedigungen, die mit der eigentlichen Wortbedeutung nichts mehr zu tun haben. „Ich habe Hunger auf 'was Süßes" müsste eigentlich heißen „Ich habe Appetit auf 'was Süßes." Das Wort Hunger suggeriert aber gleichzeitig das Haben-Müssen. Appetit kann auf später verschoben oder gänzlich abgestellt werden. Im zweiten Teil dieses Buches werde ich ausführlicher auf dieses Thema zu sprechen kommen.

So gibt es viele verschiedene Redensarten und Glaubenssätze, die wir täglich zu uns selber sagen, und die es für unser Unbewusstes, unsere „Schaltzentrale", schwer machen, bestimmte Dinge nicht mehr zu tun, obwohl wir sie gar nicht tun wollen.

Es geht in diesem Buch auch darum, wie du es schaffst, dich so tief zu entspannen, dass du wirklich loslassen kannst und ganz bei dir bist. Angekommen sein. In sich ruhen. So, dass dich wirklich nichts mehr aus der Ruhe bringt und du deinen Weg weitergehen kannst.

Du wirst auch erfahren, wie du es schaffst, von alten Emotionen nicht mehr blockiert zu werden. Nach vorn zu blicken und dein Ziel vor Augen zu sehen, statt in deiner Vergangenheit gefangen zu sein. Vielleicht ist es jetzt noch so, als würdest du wie durch Milchglas schauen. Am Ende des Buches wirst du ganz klarsehen und deine eigene Strategie entwickelt haben, wie du am besten erfolgreich abnehmen und dein Idealgewicht auch halten kannst.

Über mich

Ich wurde im Sommer 1983 geboren. Jetzt bin ich Mutter eines einjährigen Jungen und verheiratet.

Nach dem Abitur habe ich das Jurastudium begonnen, aber nach drei Jahren abgebrochen, weil ich festgestellt habe, dass die Tätigkeit als Juristin nicht die richtige für mich sein wird.

Das zweite Studium, Fitnessökonomie, schloss ich mit dem Titel Bachelor of Arts 2009 sehr gut ab. In den drei Jahren des Studiums habe ich begonnen, mich intensiv mit den Themen Hypnose und NLP (Neurolinguistisches Programmieren) auseinanderzusetzen und nach dem Studium die erste Ausbildung absolviert. Es folgten noch eine weitere Hypnoseausbildung und in den folgenden Jahren viele Weiterbildungen im Schwerpunktbereich Hypnosetherapie und Hypnosecoaching sowie später NLP.

Seit 2012 bin ich Heilpraktikerin für Psychotherapie. Das machte für mich zu der Zeit die Sache rund. Jetzt weiß ich, dass ich noch lange nicht ausgelernt habe. Nach jeder neuen Weiterbildung freue ich mich auf die nächste.

Am liebsten arbeite ich mit der Therapiemethode Hypnose, weil ich immer wieder sehen und erfahren darf, wie effektiv diese Methode ist. Meine Behandlungsschwerpunkte sind Hypnose zur Gewichtsreduktion und zur Angstbefreiung, Kinderwunschbehandlung, Geburtsvorbereitung mit Hypnose und Hypnosebehandlung mit Kindern und Jugendlichen.

Übung 5: Der Schokoladen-Klaus.

4) Finde deinen eigenen Weg zum Ziel.

Übung 6: Verlasse alte Muster!

Teil I Essen und alles, was dazugehört

Dieser Teil soll einen kleinen Einblick geben in das, was wir täglich verzehren. Es geht darum, ein Bewusstsein zu schaffen für die Lebensmittel, die wir essen, was sie uns geben und im Körper leisten. Wenn du dir dessen bewusst wirst, was du isst, isst du mit mehr Genuss. Ein weiterer schöner Effekt ist, dass du dir das Essen lieber selbst und mit mehr Liebe zubereitest. Essen sollte etwas Schönes sein. Es geht darum, zu genießen und nicht zu hungern oder zu verzichten und dabei schlechte Laune zu bekommen.

Zuerst bekommst du eine Aufgabe!

Ich möchte dir gern vorschlagen, dein Tagebuch zu strukturieren. Wie du im Inhaltsverzeichnis gelesen hast, kannst du mehrere Aufgaben erledigen. Du wirst Aufgaben zu den Themen Essverhalten/Ernährung, Sport/Bewegung und zur Entspannung machen können. Vielleicht kannst du dir Kategorien anlegen – farblich oder seitenweise.

Aufgabe 1: Beginne mit deinem Tagebuch.

> Bitte führe ab jetzt ein Tagebuch. Schreibe bitte alles auf, was du isst und was du trinkst. Ideal wäre eine ungefähre Mengenangabe.

Zum Beispiel: 1 Teller Spaghetti Bolognese um 13 Uhr, dazu ein Glas Wasser.

1 Lebensmittel oder Nahrungsmittel? Was uns am Leben hält.

Was sagst du lieber, wenn du einkaufen gehst: Sind das Obst und Gemüse, was in deinem Einkaufswagen liegt, deine Nahrungsmittel oder Lebensmittel? Oder beides?

Begrifflichkeiten wirken auf unser Inneres (dazu später mehr). Verleiht das Wort „Lebensmittel" eine höhere Wertigkeit als das Wort

„Nahrungsmittel"? Wie kommt es bei dir an, wenn du es laut aussprichst? Oder gibt es keinen Unterschied? Probiere es aus!

Was uns am Leben hält, sind Kohlenhydrate, Fette, Eiweiße, Vitamine und Mineralstoffe sowie Wasser.

1) Kohlenhydrate

Kohlenhydrate sind Energielieferanten. Energie brauchen wir den ganzen Tag über, um uns zu bewegen, aber auch zum Denken. Das heißt, ganz ohne Kohlenhydrate geht's dann doch nicht.

Lebensmittel, die täglich in unserem Speiseplan vorkommen und einen sehr hohen Anteil an Kohlenhydraten aufweisen, sind Zucker, Reis, Brot, Nudeln und Kartoffeln. Auch Hülsenfrüchte wie Erbsen, Linsen und Bohnen haben viele Kohlenhydrate und sind somit gute Energielieferanten.

Gibt es schlechte und gute Kohlenhydrate?

Zucker zum Beispiel dürfen wir als schlechte Kohlenhydrate bezeichnen. Denn Zucker ist kein essenzielles Lebensmittel. Wir brauchen keinen Zucker zum Leben. Zucker liefert nur Kohlenhydrate, sonst nichts. Leere Energie, ohne Nährstoffe, ohne Mehrwert für unseren Körper. Zucker ist also ungesund! Du solltest dich daher fragen, wie viel Zuckerverzehr für dich okay ist. Im Normalfall sollten 20 Gramm Zucker am Tag reichen. Bedenke, dass in einer Menge Produkte, die du verzehrst, zusätzlich Zucker verarbeitet ist. Obst und Gemüse liefern auch Zucker, ebenso wie alle Fertiggerichte und die meisten Getränke. Zum Beispiel sind in einem Glas Cola (0,2 Liter) 24 Gramm Zucker enthalten. Wenn du also die Angewohnheit hattest, bisher täglich einen Liter Cola zu trinken, hast du deinen täglichen Zuckeretat um einiges überschritten und es ist kein Wunder, dass du davon dick geworden bist. Du hast immerhin mehr als vier 0,2-Liter-Gläser Cola zu viel getrunken.

Nun ist es nicht sehr realistisch, nach jedem Bissen Essen zu schauen, wie viel Zucker enthalten ist. Aber du könntest darauf achten, nicht noch zusätzlich Zucker zu essen oder zu trinken, wenn du weißt, dass in allen möglichen Produkten Zucker verarbeitet wurde.

Damit meine ich also, dass du zum Essen, oder noch besser danach, Wasser statt Cola trinkst. Und dass du nicht das Stück Torte zum Nachtisch wählst, sondern lieber ein Stück Obst.

Also noch mal einfach ausgedrückt. Verzichte weitestgehend auf zusätzlichen Zuckerkonsum. In deinen „normalen" Lebensmitteln ist genug Zucker enthalten.

Die Dosis macht das Gift, bedeutet: Zu viel ist *zu viel*.

Ein weiterer Fakt ist, dass alle Weißmehlprodukte im Körper wie Zucker wirken. Weizenmehl hat ein paar Nährstoffe, aber nicht genug, um sagen zu können, dass du einen Mehrwert hast, wenn du ausschließlich Weizenmehlprodukte essen würdest. Nun mag ich gar nicht vorschreiben, dass wir auf gar keinen Fall mehr Weißmehlprodukte essen sollen. Das geht fast gar nicht. Genauso wie es fast unmöglich ist, ganz auf Zucker zu verzichten. Wenn du mal genau auf die Produkte achtest, die du im Supermarkt kaufst, dann wirst du schnell herausfinden, dass fast überall Zucker (Saccharide) mitverarbeitet worden ist. Das macht es so schwer, wirklich auf Zucker zu verzichten. Schau einmal öfter auf die Verpackung und du wirst staunen, wo überall Zucker drin ist. Zwei Beispiele sind: Wurst und Brot (Zuckerrübensirup, um das Brot dunkler wirken zu lassen).

Aufgabe 2: Wie viel Zucker esse ich?

Notiere dir in deinem Tagebuch die Lebensmittel, die du verzehrst, in denen Zucker enthalten ist!

Trotz allem kannst du zum Beispiel Industriezucker in allen selbst zubereiteten Speisen weglassen. Wenn Zucker notwendig sein sollte und es absolut nicht ohne geht, dann gibt es gute Alternativen wie Xylit oder Rohrohrzucker, beide „gesünder" als Haushaltszucker.

Zum Kuchenbacken mit Weizenmehl gibt es zum Beispiel die Alternative, mit Dinkelmehl zu backen.

Weizenmehl ist das nährstoffärmste Getreide und macht nicht lang satt. Du weißt jetzt, dass es im Körper wie Zucker wirkt und deshalb vom Speiseplan so gut wie gestrichen werden könnte.

Vollkornbrot ist nicht gleich Vollkornbrot.

Achte darauf, dass es ein Sauerteigbrot ist und der Anteil von Weizenmehl entweder nicht vorhanden oder so gering wie möglich ist, dann macht es lang satt und hat einen guten Nährwert für deinen Körper. Ein Brot aus Sauerteig hat eine höhere Dichte als eins, das mit Hefe gebacken wurde. Du wirst es am Volumen des Brotlaibs spüren. Ein 1 Kilogramm schweres Sauerteigbrot wird um einiges kleiner sein als ein Hefebrot. Außerdem wird der Bäcker dem Hefeteig immer ein bisschen Zucker zugeben, weil dann die Hefe besser aufgeht.

Genauso sind unpolierter Reis, also Naturreis, und Vollkornnudeln wertvoller als der weiße Reis und Weizennudeln.

Das sind alles keine neuen Informationen.

Wichtig daran ist, dass du ein Bewusstsein für die Lebensmittel, die in deinem Vorratsschrank, deinem Kühlschrank und schließlich deinem Körper landen, entwickelst.

Es geht auch nicht darum, Kalorien zu zählen, die interessieren mich zum Beispiel sehr wenig. Mir ist es wichtig, dass ich ein wertvolles Essen auf meinem Teller habe, wo ich weiß, was drin ist, und was ich mit Genuss essen kann.

Und zu dem Glauben, dass ja die weißen Brötchen so lecker schmecken und dunkle eher weniger, kommen wir später.

2) Fette

In diesem Abschnitt könnte ich ganz in die Tiefe gehen, nur hilft dir das sehr wenig, oder macht unsicher und verwirrt viel zu sehr. Das Ziel heißt Abnehmen und nicht, sich ernährungswissenschaftliches Wissen anzueignen.

Die Fettsäuren

Es gibt einfach ungesättigte Fettsäuren, mehrfach ungesättigte Fettsäuren und gesättigte Fettsäuren.

Das bekannteste einfach ungesättigte Fett ist das Olivenöl. Aber auch Avocados enthalten einfach ungesättigte Fettsäuren.

Mehrfach ungesättigte Fettsäuren sind Omega-3- und Omega-6-Fettsäuren. Diese werden als sehr wichtig erachtet, weil der menschliche Körper sie nicht selbst herstellen kann. Die meisten Pflanzenöle, aber auch sehr fette Fische enthalten diese Fette.

Gesättigte Fettsäuren sind üblicherweise in Tierprodukten zu finden. Beispiele hierfür sind: Fleisch, Butter, Milch, Schmalz, aber auch Kokosöl.

Zu bedenken ist, dass kaum eine Fettquelle nur eine einzige Sättigung enthält. Tatsächlich enthält ein Steak zur Hälfte gesättigte Fette und im Rest einfach und mehrfach ungesättigte Fettsäuren.

Omega-3- und Omega-6-Fettsäuren

Ein wirklich wichtiger Punkt sind die essenziellen Fettsäuren. Besondere Aufmerksamkeit verdienen also Omega-3- und Omega-6-Fettsäuren. Diese Fettsäuren haben wichtige „Fähigkeiten", sie senken den Blutfett- und Cholesterinspiegel und sind am Aufbau der Zellmembranen von beispielsweise Gehirn-, Nerven- und Sehzellen beteiligt. Omega-3-Fettsäuren sind dazu noch entzündungshemmend. Sie kommen in pflanzlichen Fetten vor wie Leinöl, Hanföl, Walnussöl und in verschiedenen fetten Fischen wie Lachs, Sardellen, atlantischer Hering, Makrele, Thunfisch (in Wasser oder Salz eingelegt). Omega-3-Fettsäuren sind wichtiger und viel seltener in unserem Essen zu finden als Omega-6-Fettsäuren.

Omega-6-Fettsäuren sind in vielen fetthaltigen Lebensmitteln wie zum Beispiel aller Art von naturbelassenem Öl (Sonnenblumenöl, Olivenöl, Maiskernöl, Rapsöl, Distelöl).

Welche Art von Fett wird am schnellsten schlecht?

Gesund soll das Öl sein, das du zukünftig benutzt. Fette mit mehrfach ungesättigten Fettsäuren können schnell ranzig werden. Das liegt an der chemischen Verbindung.

Wenn du dir das Folgende jetzt nicht so recht vorstellen kannst – Illustrationen zu den verschiedenen Fettsäuren sind leicht im Internet zu finden und nur einen Klick entfernt.

Einfach ausgedrückt: Fett setzt sich aus Triglyceriden zusammen, das bedeutet, dass jeweils 3 Fettsäuren miteinander verbunden sind. Fettsäuren bestehen allerdings aus unterschiedlich langen Ketten von Kohlenstoffatomen. Es können Einfachbindungen oder Doppelbindungen zwischen den Kohlenstoffatomen bestehen. Genau hierauf bezieht sich die Sättigung der Fette. Bei einer Einfachbindung wird jedes Kohlenstoffatom mit zwei Wasserstoffatomen besetzt. Am Ende der Kette wird das letzte Kohlenstoffatom mit drei Wasserstoffatomen besetzt, damit die Kette geschlossen ist. Das bedeutet, dass das Fett gesättigt ist. Wenn Doppelbindungen auftreten, fehlt an manchen Stellen ein Wasserstoffatom. Das heißt, das Fett ist ungesättigt. Hier ist also eine Lücke entstanden, durch die Sauerstoffatome dringen können. Das nennt sich dann Oxidation. Das Fett „rostet". Es wird ranzig. Wenn ein Fett also mehrere Lücken hat, wie ein mehrfach ungesättigtes Öl, kann es viel schneller schlecht werden als gesättigte Fette.

Ranzigkeit hat negative Auswirkungen auf unsere Gesundheit, zum Beispiel auf unseren Hormonhaushalt und das Herz-Kreislauf-System; auch das Risiko, an Krebs zu erkranken, erhöht sich. Darum ist es wichtig, gutes Öl zu kaufen! Gern in einer Glasflasche aus dunklem Glas. Es sollte kühl und dunkel gelagert sein und nach dem Kauf am besten im Kühlschrank aufbewahrt werden. Es ist sinnvoller, ein gutes Öl zu haben als mehrere günstige Varianten.

Mache einen Bogen um angereichertes Öl mit Omega-3-6-9! Es macht mehr Schaden, als dass es dir gut tun kann. Meistens steht es schon lange im Regal und ist schon oder wird sehr schnell ranzig.

Weniger schnell schlecht werden einfach ungesättigte und gesättigte Fette. Deswegen ist Kokosöl auch so auf dem Vormarsch. Es ist gesund und kann auch bei höheren Temperaturen gelagert werden.

Wir nutzen tierische, aber auch pflanzliche Fette zum Kochen, Backen und Braten oder zum Verfeinern von Salaten und anderem. Versuche des Öfteren Produkte mit Omega 3 zu verzehren. Fisch ist beispielsweise ein guter Lieferant.

Zum Braten eignen sich Kokosöl oder ein gutes Olivenöl (Achtung: nicht zu heiß werden lassen), genauso gut aber auch andere gesättigte Fettsäuren wie die gute Butter.

Übrigens wurde lange behauptet, dass gesättigte Fette schlechte Fette sind. Diese Meinung ist revidiert. Denn gesättigte Fette kann der menschliche Organismus selbst herstellen und er besteht zum großen Teil daraus. Daher kann der Körper diese Fette gut verwerten.

3) Eiweiß

Tierische Produkte enthalten Eiweiß, aber auch einige Hülsenfrüchte oder Sojaprodukte, aber auch Nüsse, Getreide und jegliches grünes Blattgemüse. Das für uns Menschen höherwertige Eiweiß stammt laut vielen Untersuchungen aus tierischen Produkten. Es kann besser aufgenommen und verwertet werden.

Belegt ist auch, dass Eiweißmangel schädlich ist. Er führt zu Muskelabbau. Dieser wiederum bewirkt, dass die Knochen zu stark belastet werden und somit weniger geschützt sind. Allerdings könnten wir uns bei unserer westlichen „normalen" Ernährungsweise eher fragen, ob nicht ein Eiweißüberschuss herrscht.

Wissenschaftlich erforscht ist, dass es ratsam ist, 1 g Eiweiß pro Kilogramm Körpergewicht pro Tag zu verzehren. So wird unsere „Struktur" erhalten. Profisportler wissen zum Beispiel, dass ein gesteigerter Eiweißkonsum zu mehr Leistung führt. Zum Abnehmen reicht es aus, der Empfehlung von 1 g/kg pro Tag zu folgen.

Wenn du dein Tagebuch gut führst, wirst du einen ungefähren Überblick bekommen, wie viel Eiweiß du zu dir nimmst.

Tue deinem Körper etwas Gutes und greife auf qualitativ hochwertiges Eiweiß zurück. Hochwertige Tierprodukte aus artgerechter Haltung gehören zwar zu den teuersten Lebensmitteln, dein Gaumen und dein Gemüt werden es dir allerdings danken.

2 Was noch wichtig ist.

1) Mineralien & Vitamine

Vitamine und Mineralien gehören zu den Mikronährstoffen und machen nur einen kleinen Teil unserer Lebensmittel aus. Sie sind aber lebenswichtig.

Die meisten Vitamine sind in Fleisch und Innereien enthalten, dicht gefolgt von Nüssen. Obst und Gemüse sind genauso wichtige Vitaminlieferanten. Eine Bevorzugung von Tier- oder Pflanzenprodukten ist aus diesem Grund nicht zwingend nötig. Allerdings gilt natürlich, dass die Menge an Vitaminen in einem Produkt abhängig von dessen Erzeugungsmethoden ist. Produkte aus dem ökologischen Landbau von guten Böden enthalten in der Regel viel mehr Vitamine und Mineralien als Produkte aus konventionellem Anbau.

Eine Auflistung der Vitamine

Vitamin A: wichtig für Knochen, Zähne, Schleimhäute, Haut und Augen. Es kommt in Leber, Milchprodukten, Eiern, Mohrrüben und grünem Blattgemüse vor.

Vitamin B1: wichtig für Schilddrüse und Nervensystem. Es kommt in Haferflocken, Nüssen und Fleisch vor.

Vitamin B2: wichtig für das Wachstum und die Verwertung der Nährstoffe. Es kommt in Milchprodukten und Fleisch vor.

Vitamin B3: wichtig für die Haut, die Verwertung von Eiweißen, Fetten und Kohlenhydraten. Es kommt in Fleisch, Fisch, Eiern, Nüssen, Innereien und Gemüse vor.

Vitamin B5: wichtig für die Wundheilung und den Energiestoffwechsel. Es kommt in Fleisch, Leber und Eiern vor.

Vitamin B6: wichtig für die Nerven, den Eiweißstoffwechsel und die Blutbildung. Es kommt in Fleisch, Nüssen, Vollkornprodukten und Gemüse vor.

Vitamin B7: wichtig für Haut, Haare, Nägel. Es kommt in Eigelb, grünem Blattgemüse und Rinderleber vor.

Vitamin B9 (Folsäure): wichtig für die Zellreifung und DNS-Replikation (besonders in der Schwangerschaft wichtig). Es kommt in Leber und grünem Blattgemüse vor.

Vitamin B 12: wichtig für die Zellteilung, Blutbildung und Funktion der Nerven. Es kommt in Fleisch, Leber, Fisch, Eiern vor.

Vitamin C: wichtig für das Immunsystem, den Stoffwechsel und das Bindegewebe. Es kommt in Hagebutte, Grünkohl, verschiedenem Obst und Gemüse vor.

Vitamin D: wichtig für die Knochengesundheit, hilft bei der Kalziumaufnahme. Es kommt in Eigelb, Fisch, Leber und im Sonnenlicht (Aufnahme durch die Haut) vor.

Vitamin E: wichtig für das Immunsystem. Es wirkt außerdem entzündungshemmend. Es kommt in Nüssen, Eigelb und verschiedenem Obst und Gemüse vor.

Vitamin K: wichtig für die Blutgerinnung. Es kommt in grünem Blattgemüse, Kohl, Eiern und Leber vor.

Eine gute Basis ist eine Ernährung mit gemischtem frischem Obst und Gemüse. Wobei eine geringe Menge qualitativ hochwertiger Produkte aus Tiererzeugnissen auch viele und verschiedene Vitamine liefert.

Vitamine könnten auch in Tablettenform zugeführt werden, die sogenannten Nahrungsergänzungen. Ich stehe dem eher kritisch gegenüber, denn wenn du dich ausgewogen ernährst, Obst und Gemüse aus Bioanbau und Bio-Fleisch isst, wirst du deinen Bedarf an Vitaminen decken können. Außerdem ist noch gar nicht richtig erforscht, ob das einzelne Vitamin ohne dessen Begleitstoffe, die im Obst und Gemüse so komplex enthalten sind, vom Körper aufgenommen werden kann. In einem Apfel sind so viel mehr Bestandteile drin, die es für unsere Körperzellen einfacher machen, beispielsweise das enthaltene Vitamin C aufzunehmen.

Mineralien funktionieren im Körper als Bau- und Regelstoffe und sind an wesentlichen Prozessen beteiligt.

Eine Auflistung der Mineralien

Kalzium: wichtig für Knochen, Zähne, Nerven, Blutbildung und -gerinnung, Muskelzellen. Es kommt in Eiern, grünem Blattgemüse und Nüssen vor.

Eisen: wichtig für die Blutbildung und die Sauerstoffversorgung. Es kommt in Fleisch und Fisch sowie grünem Blattgemüse und Leber vor.

Jod: wichtig für die Schilddrüse, den Stoffwechsel und die Körpertemperatur. Es kommt in Meeresprodukten, Seefisch, Eiern und jodiertem Salz vor.

Kalium: wichtig für den Wasserhaushalt und die Kohlenhydratverwertung. Es kommt in Avocados, Hülsenfrüchten, verschiedenem Obst und Gemüse sowie Kakao vor.

Kupfer: wichtig für das Immunsystem und den Stoffwechsel sowie die Enzymbildung. Es kommt in Innereien, Kakao und Nüssen vor.

Magnesium: wichtig für Muskeln, Knochen und die Aktivierung von Enzymen. Es kommt in grünem Blattgemüse und Nüssen vor.

Mangan: wichtig für den Stoffwechsel und die Funktion der Enzyme. Es kommt in Nüssen vor.

Natrium: wichtig für den Wasserhaushalt und den Blutdruck. Es kommt in Algen, Spinat und Tafelsalz vor.

Phosphor: wichtig für Knochen, Zähne und die Energiegewinnung. Er kommt in Fleisch, Fisch und Milchprodukten vor.

Zink: wichtig für die Haut und das Bindegewebe sowie für das Immunsystem. Es kommt in Fleisch, Leber, Eiern und Nüssen vor.

Mineralien verbinden wir automatisch mit dem Thema „Wasser trinken", denn Wasser enthält wichtige Mineralien. Aber wie du in der Auflistung gelesen hast, sind alle Mineralien auch in unseren Lebensmitteln enthalten.

Wasser ist wichtig für unseren Organismus. Wasser leistet in unserem Körper sehr viel – Stoffwechsel, Hautpflege, optimale Muskelleistung, Vorbeugung von Kopfschmerzen. Empfehlungen zufolge sollen pro Tag zwischen 1,5 und 2,5 Liter Wasser getrunken werden. Belegt durch Studien sind diese Zahlen allerdings nicht.

Ich rate dazu, so viel Wasser zu trinken, wie es gut tut. Wer viel schwitzt, braucht mehr Wasser.

Warum sollten wir wirklich reines Wasser als Getränk bevorzugen? Andere Getränke bestehen auch zum größten Teil aus Wasser. Schmecken aber besser. Ja, das ist richtig. Aber Limonade, Eistee und Co. enthalten eine Menge ungesunden Zucker. Dazu kommt, dass diese Getränke den Appetit anregen und „Hunger" auf mehr Süßes machen. Ein ungesunder Kreislauf!

2) Vollwertkost, Vegetarisch, Vegane Ernährung, Rohkost

Jeder soll so leben, wie es ihm oder ihr gut tut. Ein Veganer wird sicherlich sagen, dass die vegane Ernährung das einzig Wahre ist, genauso wie ein Rohköstler auf seine Ernährungsweise schwört.

Alles hat seine Vor- und Nachteile.

Ich kann nicht sagen und möchte schon gar nicht vorschreiben, welche Art der Ernährung die beste Variante für dich ist.

Vollwertkost bedeutet, dass alles gegessen werden darf.

Vegetarier essen kein Fleisch, verzehren aber zum Beispiel auch Eier, Butter, Sahne und Käse.

Ein Veganer verzichtet hingegen auf alle tierischen Produkte.

Nach den obigen Beschreibungen der einzelnen Bestandteile unserer Nahrung ist es als Veganer schwer, den täglichen Bedarf an Vitamin D, B12 und Eisen zu decken. Aber es ist möglich. Das beweisen uns viele gesunde Veganer.

Ich denke, dass es eine Einstellungsfrage ist, welche Form der Ernährung, ob rein pflanzlich oder Mischkost, wir bevorzugen.

3) Die vier bekanntesten Diäten

FdH – Friss die Hälfte.

Das ist wohl die bekannteste Diät. Allerdings hat sie auch ein erhebliches Risiko zum Jo-Jo-Effekt. Entweder die Portionen werden halbiert oder es wird eine ganze Mahlzeit am Tag ausgelassen. Das bedeutet, dass du während der FdH-Diät ständig Hunger hättest, nie zufrieden wärst und somit auch schlechte Laune haben würdest. Sobald du aufhörst mit der Diät, wirst du wieder zunehmen und eventuell einiges mehr auf die Waage bringen.

Weight Watchers – Punkte zählen.

Jedes Produkt hat einen Punktwert, der jeweils in einen Plan eingetragen wird. Damit verschaffst du dir einen Überblick, wie viele Punkte du „gegessen" hast und wie viele du noch darfst. Es ist ein einfaches und sehr beliebtes Konzept, da es auch mittlerweile möglich ist, online mitzumachen. Nachteil: Es kostet ständig Geld. Meine Erfahrungen mit Abnehm-Klienten haben gezeigt, dass auch diese Diät-Variante zum Jo-Jo-Effekt führt, sobald du damit aufhörst.

Trennkost – Trennt Eiweiße und Kohlenhydrate in einer Mahlzeit.

Schwierig ist es, wirklich Trennkost zu leben und durchzuhalten.

Kein Brot mit Käse mehr, kein Rinderbraten mit Soße und Kartoffeln und, und, und... Was passiert nach der Diät? Heißhunger auf all die vorher geliebten Speisen. Verständlich. Das bedeutet, du wirst wieder zunehmen.

Glyx-Diät – Die Beachtung des glykämischen Index.

Der glykämische Index ist ein Maß für die Wirkung von Lebensmitteln auf den Blutzuckerspiegel. So haben Kohlenhydrate, die schnell verdaut werden, wie Weizenmehlbrot, einen hohen glykämischen Index. Denn diese lassen den Blutzuckerspiegel schnell ansteigen. Kohlenhydrate, die langsam verdaut werden, wie Vollkornbrot, lassen den Blutzuckerspiegel langsam ansteigen. Das hat den Vorteil, dass der Körper weniger Insulin produziert. Insulin ist ein körpereigenes Hormon, das dafür sorgt, dass Körperzellen Blutzucker aufnehmen. Es begünstigt den Aufbau von Fettpolstern und hindert am Abbau von Fettreserven. Schwierig bei dieser Diät ist, dass der glykämische Index zwischen einem zubereiteten Produkt und dem gleichen in der rohen Variante sehr stark variiert. Ein Beispiel wäre die unterschiedliche Kochzeit von Nudeln. Eine weich gekochte Nudel hat einen höheren Index als eine al dente gekochte Nudel, und die hat wiederum einen anderen glykämischen Index als eine rohe Nudel. Das heißt, dass diese Diät mit viel Recherche und intensiver Auseinandersetzung mit dem glykämischen Index verbunden ist. Ein großer Nachteil ist, dass auch diese Diät zum Lebenskonzept werden muss, sonst heißt es wieder Jo-Jo-Effekt. Du müsstest also immer wieder den glykämischen Index deiner Speisen in Erfahrung bringen.

Aufgabe 3: Formuliere dein Ziel!

Bitte trage in dein Tagebuch ein, wie viel Kilogramm du abnehmen möchtest! Wie viel wiegst du dann? Trage auch diese Zahl ein!

Bis wann möchtest du dein Ziel erreicht haben?

Ist dein Ziel realistisch?

Beispiel: Dora möchte 20 Kilogramm in 12 Monaten abnehmen. Das ist ein realistisches Ziel.

Achte darauf, dass du nicht zu schnell zu viel von dir erwartest! Dazu kommen wir später nochmals ausführlicher.

4) Die wichtigste Frage: „Was darf ich denn jetzt essen?"

Grundsätzlich darfst du alles essen! Nur ist es wichtig, nicht zu übertreiben. Zu viel ist nach Definition *zu viel*.

Ein paar kleine Regeln:

Wenn du gern gesüßte Getränke zu dir nimmst, wäre das die erste Gewohnheit, die du ändern kannst. Denn das ist *zu viel* Zucker. Zucker, der nicht notwendig ist.

Trinke Wasser anstatt Cola, Limo und Co.! Wasser spart auch noch unendlich viel Geld. In den weitesten Teilen Deutschlands gibt es Trinkwasser bester Qualität. Wenn das Wasser, das aus deinem Hahn fließt, zu hart schmeckt aufgrund des Kalkgehaltes, dann gibt es zum Beispiel die Möglichkeit einen Wasserfilter anzuschaffen. Wenn du allerdings lieber Wasser im Getränkehandel kaufst, dann trinke am besten Wasser aus Glasflaschen. PET gibt etliche Stoffe an das Wasser ab! Der Hinweis auf den Plastikflaschen, dass das Wasser vor Sonnenlicht geschützt werden soll, verrät uns das. Am besten geeignet ist stilles Wasser. Der Vorteil dabei ist, dass du nicht ständig das Gefühl hast, Luft im Bauch zu haben.

Ein weiterer wichtiger Punkt ist, dass du dir abgewöhnen solltest, nach 20 Uhr zu essen. Unser Biorhythmus ist darauf gar nicht eingestellt! Du wirst feststellen, dass du ruhiger schlafen kannst, wenn du vor dem Fernseher am Abend nichts mehr naschst, geschweige denn noch eine ganze Mahlzeit zu dir nimmst. Du wirst ausgeschlafener und erholter wieder aufstehen, weil dein Körper nachts nicht mehr so viel arbeiten muss.

Vermeide es, Alkohol zum Essen zu trinken! Wenn du zum Essen Alkohol trinkst, dann wird sich dein Körper zuerst damit beschäftigen, den Alkohol abzubauen und verwendet keine Energie darauf, sich mit den anderen Nährstoffen, wie den Fetten, zu beschäftigen. Das bedeutet, dass dein Körper die Fette in deinen Fettzellen „parkt".

Generell könntest du so wenig wie möglich Alkohol trinken. Alkohol kann immerhin als Droge gewertet werden, die unter anderem dick macht. Denn wie ist es? Wenn du Alkohol trinkst, wirst du auch immer in die Versuchung kommen, zu essen. Und das nicht zu wenig. Man will ja schließlich ein paar Gläschen trinken und feiern. Genau das ist der Punkt. Du isst und trinkst. Keine gute Kombination!

Und außerdem bin ich der Überzeugung, dass du mehr Spaß haben kannst, wenn du keinen Alkohol trinkst. Oder du beschränkst dich nur auf ein gutes, wirklich gutes Glas Rot- oder Weißwein. Das Gute ist, dass du immer den Über- und Durchblick behältst, wenn du den Alkohol weglässt, und wach in allen Sinnen den Moment genießen kannst! Ein angenehmes Gefühl.

Und den Gedanken, dass „doch Rotwein sogar gesund sein soll", kannst du gleich löschen! In Rotwein sind Polyphenole enthalten, die gesund sind. Das ist richtig. Aber du müsstest mehr als eine Flasche Rotwein am Tag trinken, um genug dieser sekundären Pflanzenstoffe zu bekommen. Und du willst doch nicht den ganzen Tag besoffen sein. Außerdem wäre das wirklich fragwürdig. Du trinkst Rotwein, um eventuell gesunde Polyphenole zu bekommen und gleichzeitig schadest du dir, weil der Alkohol gesundheitsschädigend ist. Der Glaubenssatz „Ach, schadet ja nicht, ist ja auch was Gutes drin" beruhigt nur das schlechte Gewissen. Übrigens, Polyphenole sind auch in manchen Tees enthalten.

Wenn du bisher gern angedickte Soßen oder fettes Fleisch gegessen hast, kannst du auch das gerne ändern und deine Geschmacksnerven, und auch die deiner Familie, mal mit was Neuem überraschen. Traue dich, Neues zu probieren, und vor allem traue dir zu, anders kochen zu können. Es gibt so viele tolle Rezepte im Internet. Oder kaufe dir ein schönes Kochbuch, welches dich inspirieren kann. Mehlschwitzen sind auch nicht nötig, um ein leckeres Essen zu zaubern. Wie oben beschrieben, wirkt Weizenmehl wie Zucker im Körper. Aber du kennst ja inzwischen eine Alternative, und es gibt noch viel mehr zu entdecken.

Auf Obst solltest du am Abend verzichten, denn Obst gärt sehr stark im Körper. Dann ist dein Körper wieder mehr damit beschäftigt, nachts den Alkohol abzubauen, als sich mit den überflüssigen Fetten zu beschäftigen. (Obst ist dennoch besser als Schokolade!) Am Tage kannst du so viel Obst essen, wie du möchtest.

Wenn du gerne Müslis isst, achte auf die Inhaltsstoffe. Meistens ist viel zu viel Zucker im Müsli. Eine gute Alternative ist es, dir dein Müsli selbst zusammenzustellen. Empfehlenswert ist, das Müsli nicht am Abend zu essen! Denn Müsli ist so gehaltvoll, dass es ein wirklich gutes Frühstück ist. Zum Beispiel mit Obst und Joghurt. Oder ein warmes Müsli.

> Beispielsweise: Haferflocken mit Wasser gekocht, frisches Obst und Nüsse sowie Rosinen, Cranberries und was das Herz begehrt, vielleicht auch ein bisschen Bitterschokolade geraspelt. Lecker! Es gibt so viele Rezepte. Sei kreativ. Morgens kannst du dir richtig den Bauch vollschlagen.

Versuche unregelmäßiges Essen zu vermeiden! Wenn du hastig und unregelmäßig isst, isst du automatisch mehr als das, was du benötigst, weil du ständig das Gefühl hast, „nicht genug zu bekommen". Plane, wenn möglich, feste Essenszeiten ein. Und iss am besten mit allen Familienmitgliedern gemeinsam mindestens 2 feste Mahlzeiten. Das gibt ein gutes Gefühl.

Was ist der beste Essensrhythmus? Das werde ich dir nicht sagen können. Ob du ab jetzt nur 3 Mahlzeiten isst oder besser 5 „kleinere" Mahlzeiten – das kann ich dir wirklich nicht sagen. Denn das ist meiner Meinung nach eine Typ-Frage. Da gibt es kein Richtig oder Falsch. Wenn es für dich passt und sich gut anfühlt, 3 Mahlzeiten zu haben, dann ist es so richtig. Wenn du aber besser damit zurechtkommst, 3 Hauptmahlzeiten und 2 kleine Zwischenmahlzeiten zu dir zu nehmen, wird es diese Variante werden. Wichtig ist dabei, dass du dich dann auch wirklich daran hältst. Fünf Mahlzeiten bedeutet nicht, diese wahllos zu streuen und immer große Mengen zu verschlingen.

Beispiel – 5 Mahlzeiten: ein gutes Frühstück um 6 Uhr, eine kleine Obstmahlzeit (z. B. 2 Bananen oder 2 Äpfel) um 9 Uhr, um 12 Uhr Mittagessen, um 15 Uhr wieder eine kleine Zwischenmahlzeit (entweder wieder Obst oder Gemüse) und um 19 Uhr Abendessen.

Wenn du Obst als Zwischenmahlzeit wählst, achte darauf, dass du bei einer Sorte Obst bleibst, denn dann wirst du auch ein Sättigungsgefühl verspüren! Wenn du die Obstsorten mischst, wirst du eventuell „Unzufriedenheit" verspüren. Probiere es gern aus!

Achte auch darauf, dass bei dieser Variante deine Hauptmahlzeiten nicht so üppig ausfallen.

Beispiel – 3 Mahlzeiten: Bei dieser Variante brauchst du trotzdem nicht auf dein Obst oder Gemüse zu verzichten.
Dann isst du Obst und Gemüse direkt zur Mahlzeit dazu. Wenn du zum Beispiel nach dem Mittagessen als Nachtisch noch 2 Stück Obst essen willst, dann achte auch darauf, dass dein Hauptgericht nicht zu üppig ist.

Dass zu schnelles Essen ungesund ist, ist in aller Munde. Ja, das ist wohl wahr. Und ein weiterer Nachteil ist, dass du gar nicht richtig mitbekommst, wann du satt bist. Kennst du das Sättigungsgefühl überhaupt noch?

Aufgabe 4: Habe ich ein Sättigungsgefühl?

Schreibe 1 Woche lang in dein Tagebuch nach jeder Mahlzeit, wie du dich fühlst: Bist du angenehm satt oder überfüllt? Oder fühlst du dich leer?

In einer angenehmen Geschwindigkeit zu essen, kannst du üben. Am besten geht das in Gesellschaft. Beobachte, wer langsam isst, und orientiere dich mit deiner Essgeschwindigkeit an dieser Person. Und schon bist du deinem Ziel einen Schritt nähergekommen. Denn wenn du langsamer isst, wirst du automatisch weniger essen, denn du wirst weitaus früher ein Sättigungsgefühl verspüren können.

Lerne zu unterscheiden zwischen Appetit und Hunger! Hast du wirklich Hunger, dann knurrt dein Magen. Hast du Gelüste, dann hast du Appetit. Appetit hast du meistens auf „Schönes". Lust auf Süßes oder Salziges, oder Lust, irgendwas zu knabbern. Oder du hast einfach das Bedürfnis, aus welchen Gründen auch immer, zu essen (ohne Hungergefühl). Auch hier gilt wieder: Zu viel ist einfach zu viel. Essen, was du nicht brauchst, was deinen Körper unnötig belastet. Und wenn du dich beobachtest, dann weißt du, dass du, wenn du aus einer Laune heraus isst, gar nicht wahrnimmst, was du isst und wie geschmackvoll die Dinge sind, die du dir in den Mund schiebst. Du genießt sie nicht. Vielleicht hattest du gerade ein paar Zeilen zuvor den Gedanken „Und was ist mit Genuss? Wann darf ich genießen?". Meine Antwort darauf lautet: immer. Du darfst jede Minute in deinem Leben genießen! Beim Essen beginnst du, deine Mahlzeit wirklich wahrzunehmen und schmeckst ganz bewusst das, was du isst. Iss genussvoll!

Schokolade ist des einen Freud und des Anderen Leid. Es gibt Menschen, die können scheinbar immerzu Schokolade essen und nehmen kein Gramm zu. Und dann gibt es die anderen, die scheinbar schon beim Anblick von Schokolade zwei Pfund zulegen. Schokolade ist 'was Feines. Genau. Sie ist was Feines. Etwas zum Genießen. Wenn du unbedingt Schokolade essen möchtest, dann kaufe dir die edle Bitterschokolade mit mindestens 70 % Kakaoanteil. Ein Tipp: Wenn du das Stück Schokolade im Mund zergehen lässt, hast du nach einem Stück genug. Probiere es aus!

Vor dem Essen kannst du ab jetzt ein Glas Wasser trinken. Das füllt ein bisschen deinen Magen und du isst automatisch nicht mehr zu viel. Außerdem kannst du dir so gleich beibringen, mehr Wasser zu trinken.

Der letzte Punkt ist sehr wichtig: Du brauchst genügend erholsamen Schlaf. Wenn du unter Schlafstörungen leidest, wird es dir um ein Vielfaches schwerer fallen abzunehmen. Wenn du gut schläfst, kann dein Körper regenerieren, sich erholen. Schläfst du nicht oder kaum mehr als ein paar Stunden, hast du keine Energie zu regenerieren, bzw. keine Ruhe. Diese Regeneration (Erneuerung verschiedenster Körperzellen) ist aber dringend notwendig. Nicht nur zum Abnehmen, sondern generell für dein Wohlbefinden.

Aufgabe 5: Wie ist mein Schlafverhalten?

Wenn du also nicht gut schläfst, dann übe die folgenden Entspannungstechniken und beobachte dich und dein Schlafverhalten.

Schreibe in dein Tagebuch über einen Zeitraum von 14 Tagen, wie lange du geschlafen hast, ob du Ein- oder Durchschlafschwierigkeiten hattest, um welche Uhrzeit und wie lange du in etwa wachgelegen hast.

Sollte es nicht besser werden, rate ich dir unbedingt einen Arzt oder Heilpraktiker aufzusuchen.

Teil II Körper, Geist & Seele

In diesem Teil des Buches geht es ans Eingemachte!

Hier geht es um dich ganz persönlich, teilweise vielleicht auch um Ängste und andere unangenehme Emotionen, an die du im Moment noch gar nicht denkst. Ich werde dir zeigen, wie du deinen Weg gehen kannst, um abzunehmen, selbstbewusst(er) zu werden, und entspannt zu bleiben oder zu werden. Aber fangen wir mit dem Körper an!

1 Bewegung – Wie hältst du dich fit?

Was tust du schon, um dich körperlich fit zu halten?

Aufgabe 6: Wie und wann bewege ich mich?

> Nimm dein Tagebuch und notiere jeden Tag, wie und wann du dich körperlich bewegt hast! Zum Beispiel Treppen steigen, oder ein Bummel durch die Stadt.

1) Sport ist kein Mord!

Vielleicht gehst du schon ins Fitnessstudio oder regelmäßig mit Freunden walken. Dann weißt du, dass Sport kein Mord ist.
Das Wort „Sport" ist meist negativ besetzt und bedeutet für die meisten unter uns gleichzeitig Anstrengung, Mühe, viel Schweiß, Stress.
Also verspüren wir Unlust, überhaupt irgendwas anzufangen.

Sobald du für dich die richtige Art der körperlichen Bewegung gefunden hast, wirst du dich in Zukunft darauf freuen, sie auszuüben. Wenn es Walken an der frischen Luft ist, wird es dich freuen, dem Alltag für eine Stunde entfliehen zu können, dich wirklich mit dir zu beschäftigen und die Sonnenstrahlen im Gesicht zu spüren. Vielleicht magst du dabei sogar ein Gefühl von Freiheit empfinden. Denn niemand wird dich dazu zwingen. Du tust es allein, selbst gewollt, selbstbestimmt.

Also, welche Möglichkeiten gibt es?

Du könntest, wie schon gesagt, für den Anfang Walken gehen. Oder Fahrrad fahren. Oder du gehst jeden Tag einfach eine Stunde spazieren.

Du könntest dich aber auch im Fitnessstudio anmelden.

Oder du kaufst dir eine DVD und machst Bauch-Beine-Po-Workouts. Möglich ist es natürlich auch, online diverse Sport-Mitmach-Videos, zum Beispiel auf Youtube, anzusehen. Und wenn du sie ansiehst, mach doch gleich mit! Was hindert dich? Guckt nicht mal jemand zu, wenn du dir deinen Freiraum dafür schaffst!

Wichtig ist, dass du es gern machst, dass dich die Bewegung motiviert und dass du irgendwann gar nicht mehr ohne kannst. Dass es zur Gewohnheit wird. Du kannst dich natürlich auch mit verschiedenen Apps oder Fitnessarmbändern motivieren, die deine Bewegungen aufzeichnen. Zum Beispiel zählen diese kleinen Helfer deine Schritte oder zeigen dir an, wie viel Kalorien du verbraucht hast.

Beim Kalorienzählen bin ich allerdings immer wieder vorsichtig. Um wirklich einigermaßen genau ausrechnen zu können, wie viele Kalorien bei welcher Sportart verbraucht werden, müssen viele Angaben gemacht werden. Wie zum Beispiel Gewicht, Größe, Alter, Blutdruck, Puls, wie das Fitnesslevel ist usw.

Jetzt, wo du so motiviert bist, richtig durchzustarten, denke daran, dass du unbedingt auch deine Muskeln trainierst. Ein Muskelaufbautraining hilft dir dabei, deinen Grundumsatz zu erhöhen.

Der Grundumsatz ist ein Wert, in Kalorien gemessen, der anzeigt, wie viel Energie du täglich verbrauchst, ohne deine sportliche Betätigung mitzurechnen. Also die Energiemenge, die dein Körper benötigt, um alle lebensnotwendigen Funktionen 24 Stunden täglich aufrechtzuerhalten. Dazu zählen deine Atmung, dein Stoffwechsel, deine Körpertemperatur und dein gesunder Kreislauf. Wenn du also mehr Muskeln hast, wird dein Körpersystem mehr leisten müssen und mehr Energie verbrauchen, um zum Beispiel deine Körpertemperatur zu halten. Ein netter „Nebeneffekt" beim Muskelaufbau: Dein Körper wird straffer und du kommst in eine aufrechtere Haltung.

Die Formel, um deinen Grundumsatz auszurechnen, ist: Körpergewicht in Kilogramm mal 24 (Stunden).Um deinen Gesamtumsatz zu erfahren, benötigst du noch den Leistungsumsatz. Im Internet findest du einige Seiten, auf denen du deinen Leistungsumsatz errechnen kannst.

Wenn du nun deinen Grundumsatz ermittelt hast, weißt du, wie viel Energie dein Körper ohne Sport benötigt. Logische Konsequenz ist, wenn du bei deiner Energiezufuhr um diesen Wert herum bleibst, wirst du definitiv mit deinem jetzigen Trainingsprogramm abnehmen. Allerdings solltest du unbedingt, wenn du diese Methode ausprobieren möchtest, beobachten, wie du dich fühlst. Du hast bestimmt genug Fettreserven (sonst hättest du dieses Buch nicht gekauft), die dein Körper aufbrauchen kann. Dennoch geht es bei dieser Methode darum, dass du motiviert bleibst und langfristig denkst. Du sollst auf keinen Fall hungern! Das macht schlechte Laune und bringt dir auf jeden Fall den Jo-Jo-Effekt.

Wer schnell abnimmt, nimmt auch schnell wieder zu. Ein bis zwei Kilogramm Gewicht im Monat zu reduzieren, ist vollkommen ausreichend. So kommt deine Körperstruktur, dein Gewebe, gut hinterher.

Aufgabe 7: Wie hoch ist mein Gesamtumsatz?

Rechne dir deinen Gesamtumsatz aus! Nimm dir die Zeit. Aber sei unbedingt ehrlich mit deinen Angaben. Notiere Grund- und Gesamtumsatz in deinem Tagebuch. Häufig ist der Gesamtumsatz doppelt so hoch wie der Grundumsatz.

Wenn du mit deiner Energiezufuhr etwa 300 bis 500 Kalorien unter diesem Wert bleibst, nimmst du ab. Stetig.

Muss ich Kalorien zählen?

Nein, musst du nicht. Das macht genauso wenig gute Laune wie Hunger haben. Wenn du deine Ernährung nach den Prinzipien umgestellt hast, wie ich sie dir weiter vorn im Buch beschrieben habe, wirst du automatisch weniger Kalorien zu dir nehmen und dich gleichzeitig viel gesünder ernähren. Du könntest dir den Spaß einmal machen und dein Essen eines gewöhnlichen Tages vor deiner Ernährungsumstellung in Kalorien ausrechnen. Dabei darfst du natürlich nichts auslassen! Kein Getränk, keinen Keks, keinen Schokoriegel usw.

Letztendlich ist es bei diesen Werten – Grundumsatz, Leistungsumsatz und deren Summe – interessant zu wissen, wie viel Energie dein Körper am Tag verbraucht.

Nur darum ging es – Dir einen Überblick zu verschaffen.

Wie trainiere ich meine Muskeln effektiv?

Beginne mit Übungen, ohne zusätzliches Gewicht zu benutzen. Variiere hier zwischen statischen und dynamischen Übungen.

Beispiel:

Um deine Brustmuskeln zu trainieren, kannst du deine Arme zur Seite ausstrecken und bis auf Schulterhöhe heben. Jetzt führe beide Hände zusammen zur Gebetshaltung und nehme die Ellenbogen wieder ein kleines Stück tiefer (ca. 10 cm). Jetzt drücke deine Handflächen zusammen und spüre, wie sich deine Brustmuskeln anspannen. Wenn du diesen Druck hältst und nach muskulärer Erschöpfung wieder löst, trainierst du statisch.

Eine dynamische Variante des Brustmuskeltrainings wären zum Beispiel Liegestütze.

Du kannst jeden Muskel ohne Fitnessgeräte trainieren. Ein klassisches Bauch-Beine-Po-Training auf Youtube kann dir erste Ideen liefern.

Allerdings bin ich der Überzeugung, dass du sicherer und besser mit Begleitung trainierst. Beim gezielten Muskeltraining kannst du viel falsch machen. Du könntest deine Gelenke zu stark beanspruchen, indem du eine Fehlhaltung einnimmst. Wenn ausgebildete Trainer dich begleiten, lässt sich das eher vermeiden.

Auch wenn du denkst, ein sehr gutes Körpergefühl und eine gute Koordination zu haben, solltest du deine ersten Muskeltrainings nicht allein durchführen. Gerade am Anfang schleichen sich Fehler im Bewegungsablauf ein, die später schwieriger zu korrigieren sind.

Aufgabe 8: Sportarten – welche gefallen mir am besten?

Notiere in deinem Tagebuch, welche Sportarten du gern machen würdest! Welche dieser Sportarten kannst du jetzt schon machen und welche musst du aufgrund deines Gewichts auf später verschieben?

2) Routine – die tägliche Bewegung

Du hast eine Sportart gefunden, die du dir vorstellen kannst und die du ausprobieren willst? Jetzt ist es wichtig für dich zu erfahren, wie du es schaffst, dass dir Bewegung Freude machen kann, damit du auch dabeibleibst.

Ganz einfach: Überfordere dich nicht! Dann bleibt auch deine Motivation erhalten und sie wird sich mit der Zeit sogar noch steigern.

Es ist besser, mit einem Mal pro Woche zu beginnen und kontinuierlich dranzubleiben, als das Ziel zu haben, drei Mal pro Woche ins Fitnessstudio zu gehen und nach dem ersten Besuch so viel Muskelkater zu haben, dass der zweite Besuch schon keinen Spaß mehr macht.

Gehe es langsam an, aber dafür richtig.

Es ist effektiver, dir langsam mehr abzuverlangen, aber dafür wirklich konstant dranzubleiben. So baust du deine Motivation auf, weil du spürst, dass du von Woche zu Woche leistungsfähiger wirst.

Nach vier Wochen kannst du dich steigern. Du machst jetzt 2 Mal die Woche Sport.

Was ich eben beschrieben habe, bedeutet, dass du zusätzlich zur alltäglichen Bewegung gezielt Sport machst!

Ein kleines Beispiel, falls dir Bewegung aufgrund deines Gewichts sehr schwerfällt:

Du startest mit dem Spazierengehen. Eine Stunde, einmal die Woche. Nach vier Wochen steigerst du dich auf zweimal pro Woche. Nach weiteren vier Wochen wird aus dem Spazierengehen Walken. Das bedeutet, du gehst schneller, mit dem Ziel zu schwitzen und dich wirklich körperlich mehr zu fordern. Das wäre dann die nächste Steigerung. Noch mal steigern könntest du dich nach weiteren vier Wochen, wenn du einmal Fahrrad fährst und einmal walkst. Dann könntest du dich wieder weiter fordern, indem du eine neue Sportart hinzufügst oder eine alte ersetzt. Vielleicht magst du jetzt ins Fitnessstudio gehen!?

Nach diesem Prinzip wären jetzt vier bis fünf Monate um. Du hast einen festen Plan für deine Trainingseinheiten und trainierst schon über einen beachtlichen Zeitraum. In der Zwischenzeit wird sich auch sicher was auf der Waage getan haben. Ein paar Kilogramm sind vermutlich schon gepurzelt!

Aufgabe 9: Wie ist mein Plan?

Schreibe einen Plan fest! Wer schreibt, der bleibt. In deinem Fall wirst du dir gegenüber verbindlicher, wenn du es dir aufschreibst und gleich mit deinem Partner/deiner Familie oder Freunden darüber sprichst.

In deinem Plan sollte stehen, wann und wo du dich bewegst. Sei verbindlich. Notiere dir die Uhrzeit, von wann bis wann!

Was ist mit „alltägliche Bewegung" gemeint?

Die alltägliche Bewegung ist schon ganz, ganz viel wert.

Aufgabe 10: Wann könnte ich mich zusätzlich bewegen?

Nimm dein Tagebuch und sieh mal nach, wie oft du dich am Tag bewegst. Jetzt schreibe hinzu, wo und wann du dich hättest zusätzlich bewegen können. Zum Beispiel, wenn du in den 3. Stock musstest und mit dem Fahrstuhl gefahren bist, statt die Treppe hochzugehen.

Auch hier wird dir sicher bewusst, wie bequem unser Leben geworden ist. Für kürzeste Strecken nehmen wir das Auto, anstatt mit dem Fahrrad zu fahren oder gar zu Fuß zu gehen.

Was hindert dich, dir ein wenig mehr Zeit einzuplanen und mit dem Fahrrad zu fahren, oder ein paar mehr Schritte zu Fuß zu laufen?

Zeit ist hier das Zauberwort. Genau. Wenn du dich mehr bewegen möchtest, dann brauchst du Zeit für dich. Zeit kannst du prima in verschiedenen Situationen sparen. Zum Beispiel bin ich der Meinung, dass du fitter und gesünder bist, physisch und psychisch, wenn du mit dem Fahrrad zur Arbeit fährst und wieder zurück. So sparst du dir die Zeit, im Berufsverkehr mit dem Auto festzustecken. (Natürlich ist das abhängig von der Wegstrecke, die du zurücklegen musst. Aber gehen wir davon aus, dass die Strecke nicht weiter als 5 Kilometer ist.) Dabei tust du etwas für dich und fragst dich am Abend nicht, warum du immer nur für andere da bist. Du fühlst dich frischer, denn frische Luft macht den Geist weit. Und du hast nebenbei deine Muskeln beansprucht, dich körperlich betätigt und gefordert.

Und wenn mit dem Fahrrad zur Arbeit zu fahren nicht geht, könntest du Zeit sparen, wenn du nach der Arbeit zu Hause angekommen bist und dich nicht erst mit Kaffee und Zeitung in die Küche setzt, sondern deine Turnschuhe anziehst und für eine halbe Stunde einen schnellen Spaziergang machst. Das Spazierengehen wird dich mehr entspannen und dir mehr Energie geben als das Lesen von negativen Zeitungsartikeln.

Aufgabe 11: Leide ich unter Aufschieberitis?

Beobachte dich bitte für zwei Wochen und notiere in deinem Tagebuch, welche Betätigungen/Ablenkungen/Zeitfresser du dir suchst, um unbequeme Dinge nicht zu erledigen!

Sicherlich wird das eventuell ein Etappenziel für dich sein, mit dem Fahrrad zur Arbeit und zurück zu fahren. Aber du kannst es bald umsetzen. Wenn du mit deinem Bewegungstraining begonnen hast, wirst du bald merken, dass du „mehr Puste" hast und auch das Fahrradfahren nicht mehr so beschwerlich ist.

Sollte das für dich aufgrund der Strecke, die du zurücklegen müsstest, niemals in Betracht kommen, gibt es andere Möglichkeiten für die alltägliche Bewegung. Zum Beispiel könntest du kleinere oder mittelschwere Einkäufe, solltest du in der Stadt oder stadtnah wohnen, zu Fuß oder mit dem Fahrrad erledigen.

Du könntest ab jetzt immer die Treppen nehmen, anstatt den Fahrstuhl oder die Rolltreppe.

Am Wochenende kannst du dich mit deiner Familie oder auch gern nur allein mit dir verabreden, eine Stunde am Tag spazieren zu gehen. Das könntest du auch mehrmals in der Woche tun. Nach der Arbeit zum Beispiel, wie schon gesagt. Das hat den Vorteil, dass du dann wirklich den Kopf frei hast, weil die Arbeit zeitlich schon länger hinter dir liegt. Du hättest erst mal Zeit für dich und würdest nicht zum Beispiel sofort wieder von anderen (deinen Kindern, Ehemann, deinen Eltern, deinen Freunden) in Beschlag genommen. Das ist vielleicht organisatorisch zuerst eine Herausforderung, aber ich bin der Überzeugung, dass es geht, wenn du es willst.

Genau: Das Organisatorische ist der Schlüssel! Wenn du weißt, was du willst. Wenn du weißt, was dir gut tut, dann kannst du es auch umsetzen. Organisiere dich und gib auch gern Aufgaben ab. Du musst nicht alles allein machen. Und manches könnte auch gemeinschaftlich zu einer anderen Zeit erledigt werden. Es muss nicht deine „Bewegungs-Freizeit" beeinträchtigen.

Dann, genau dann, wird es Routine.

Zuerst solltest du dir einen Plan machen, dann deine Mitmenschen, die mit dir zusammenwohnen, informieren und besprechen, wie ihr gemeinsam den Plan umsetzen könnt. Und dann solltest du es tun! Es gibt keine Ausreden! Vor allem nicht in den ersten 4 Wochen. Danach kannst du es dir nicht mehr ohne deinen Plan vorstellen. Es ist Gewohnheit und Bedürfnis geworden.

Aber denke daran, überfordere dich nicht! Beginne langsam, mit dem Ziel, dich zu steigern!

Was ist mit deiner letzten Aufgabe? Hast du zeitfressende Betätigungen gefunden, die dich von dem ablenken, was du eigentlich tun solltest?

Eine Möglichkeit davon wegzukommen, wäre eine To-do-Liste. Wenn du dir fortan eine To-do-Liste einmal pro Woche schreibst und diese erweiterst, sobald neue Aufgaben hinzukommen, die erledigt werden wollen, bist du schon einen Schritt weiter auf deinem Weg, dich zu organisieren.

Schreibe deine To-do-Liste zuerst einfach runter, ohne zu priorisieren. Jetzt schau nach, welche Dinge dringend und wichtig sind. Diese sollten zuerst erledigt werden. Dann markiere die, die wichtig sind, aber nicht dringend, und schreibe dir ein Datum dahinter, bis wann diese Aufgaben erledigt werden müssen. Und jetzt gibt es vielleicht noch kleine Aufgaben, die du sofort erledigen kannst. Dinge, die sich eigentlich nicht lohnen, auf die Liste zu schreiben. Aufgaben, die in maximal 1-3 Minuten erledigt werden könnten. Diese Aufgaben kannst du also immer sofort erledigen und brauchst sie gar nicht mehr aufzuschreiben. Du könntest die kleinen Punkte natürlich trotzdem aufschreiben. Denn das Abhaken oder Durchstreichen ist ganz klar das Beste an einer To-do-Liste und motivierend zugleich.

Du kannst dir natürlich auch jeden Tag eine To-do-Liste schreiben. Wenn du sie einmal wöchentlich schreibst, solltest du dir hinter jede Aufgabe schreiben, wann der Tag X gekommen ist. Also bis zu welchem Wochentag die entsprechende Aufgabe erledigt werden soll.

Glaub mir, so eine To-do-Liste ist so was von läppisch anzulegen und hilft absolut genial, dich zu organisieren, den Überblick nicht zu verlieren und auch noch Zeit zu sparen.

Probiere es aus! Du wirst sehen, wie erfolgreich du damit sein kannst. Übrigens ist es auch legitim, eine Familien-To-do-Liste zu haben. Du könntest ja farblich unterlegen, welche Aufgaben wer bis wann erledigt haben sollte.

3) Womit beginne ich?

Erinnerst du dich an das Beispiel, in dem ich vom Spazierengehen schrieb und wie du dich steigern kannst? Wenn du mehr als 25 Kilogramm abnehmen möchtest, wäre das die perfekte Variante, dein Bewegungsprogramm zu starten. Du hättest für die nächsten vier Monate einen festen Plan und könntest dich danach (freudestrahlend, denn du hast bis dahin schon deutlich abgenommen) in einem Sportstudio oder einem Sportverein anmelden, um mit dem gezielten Muskelaufbautraining zu beginnen.

Möchtest du weniger als 25 Kilogramm abnehmen, könntest du überlegen, dich sofort in einem Bewegungszentrum, welcher Art auch immer, anzumelden. Vielleicht magst du lieber in Gruppen trainieren, zum Beispiel im Sportverein. Oder eher langsame Sportarten wie Yoga oder Pilates. Vielleicht magst du aber auch ganz klassisch ins Fitnessstudio gehen. Wichtig ist, dass du dir einen Plan machst! Du kannst natürlich auch, wenn du dich damit wohler fühlst, mit dem im ersten Abschnitt beschriebenen Programm beginnen.

Am wichtigsten ist wirklich die Planung! Wann machst du Sport? Wie integrierst du dein Bewegungsprogramm in deinen Alltag? Und denke an deine „langsamen" Auszeiten! Spazierengehen am Wochenende mit der Familie oder deinen Freunden, und nach der Arbeit dich kurz an der frischen Luft erholen.

Aufgabe 12: Wiegen und Messen.

Schreibe unbedingt dein „Startgewicht" in dein Tagebuch. Und perfekt wäre, wenn du deinen Umfang messen würdest und auch diese Werte einträgst. Du misst deinen Brustumfang, deine Taille, deinen Hüftumfang und einen Oberschenkel. Vergiss nicht das Startdatum aufzuschreiben!

Du solltest dich ab Beginn einmal wöchentlich wiegen. Bitte wiege dich immer am gleichen Wochentag und möglichst zur gleichen Uhrzeit. Eine gute Möglichkeit wäre jeden Sonntag früh vor dem Frühstück.

Messen kannst du dich auch regelmäßig. Vielleicht einmal im Monat?

2 Nutze deinen Geist!

In diesem Kapitel geht es darum, wie dich dein Geist unterstützen kann. Wenn du ein Ziel hast, kannst du dich darauf fokussieren.

Fokussieren bedeutet nicht, alles andere links liegen zu lassen. Wenn du nur noch dein Ziel im Kopf hast, dann kann es leicht passieren, dass sich deine Mitmenschen nicht mehr wahrgenommen fühlen. Dann hättest du irgendwann ein schlechtes Gewissen, was dir dann auch wieder Stress machen würde. Diesen Teufelskreis wollen wir erst gar nicht entstehen lassen.

Das bedeutet, dass du dich auch mit deinem Ziel Abnehmen entspannen kannst. Alles kommt zur richtigen Zeit. Was bringt es dir, ganz schnell viel abzunehmen, dann Stress mit deinem Partner zu haben, wegen deinem „Abnehmwahn", und wieder zuzunehmen?

Wenn du nur einiges von dem umsetzt, was ich dir hier beschreibe, wirst du spüren, dass sich etwas verändert. Wenn du mehr umsetzen möchtest, wird sich mehr verändern. Und so weiter.

„Nutze deinen Geist" bedeutet, dass du fokussiert bist, ohne dich zu verschließen. Wenn du dich verschließt, wird es auch schwerer, dich zu reflektieren. Es könnte vielleicht passieren, dass dein Plan in 3 Monaten nicht mehr passt und du ihn erweitern oder einen anderen Plan entwerfen musst, weil sich zum Beispiel deine körperliche Leistungsfähigkeit oder deine Lebensumstände geändert haben. Deinen Weg gefunden zu haben, bedeutet zu wissen, wie du ans Ziel kommst. Es bedeutet allerdings nicht, den Weg mit Scheuklappen zu gehen und nicht mehr modifizieren zu können.

Jetzt ist es an der Zeit, dein Ziel zu konkretisieren. Für dein Bewusstsein und dein Unterbewusstsein ist es wichtig, genau zu wissen, wo es hingehen soll. Nutze dabei die Formulierungen „kurzfristiges Ziel", „mittelfristiges Ziel" und „langfristiges Ziel".

Das langfristige Ziel wäre zum Beispiel, in einem Jahr 20 Kilogramm leichter zu sein. Ein mittelfristiges Ziel wäre, im Sommer schon leichte Sommerkleider tragen zu können und dich wohler zu fühlen. Ein kurzfristiges Ziel könnte beispielsweise die Anmeldung in einem Sportzentrum oder die Ernährungsumstellung sein.

Dabei ist es wichtig, dass du dir deine Zwischenziele in deinem Tagebuch notierst und dazuschreibst, wie es sich für dich angefühlt hat, den nächsten Schritt zu gehen. Wie war es für dich, als du dich im Fitnessstudio oder im Yogazentrum angemeldet hast? Wie hast du dich gefühlt, als du gespürt hast, dass es vollkommen in Ordnung ist, nur noch Wasser zu trinken? Wie hat es sich angefühlt, als dir deine Waage 2 Kilogramm weniger angezeigt hat?

All das sind große Motivationshelfer. Sie füttern deine innere Motivation, die dir hilft, immer weiterzumachen.

Schön wird es auch für dich sein, wenn du ab und zu in deinem Tagebuch blätterst und liest, was du vor ein paar Tagen oder Wochen eingetragen hast. Schau mal, wie weit du gekommen bist in der Zwischenzeit!

Führe dein Tagebuch kontinuierlich, denn so kann es dir am besten helfen. Spannend wird es, wenn du nach einem halben Jahr die ersten Seiten liest. Dann lächelst du, weil du dich darüber freust, wie kontinuierlich du gearbeitet hast und wie konsequent du geblieben bist und nun so deinem Ziel immer näherkommst. Die Veränderungen im letzten halben Jahr sind nicht mehr zu übersehen und sehr wahrscheinlich bist du schon öfter drauf angesprochen worden.

1) Entspannung & Meditation

Manchmal kann es vorkommen, dass negative Gedanken im Weg stehen wie dicke Felsbrocken, die sich nur schwer bewegen lassen. Vielleicht hast du auch Sorgen oder eine Krankheit, die scheinbar alles so schwer machen.

Und dennoch, so abgedroschen es auch klingen mag: Es gibt für alles eine Lösung!

Kannst du dir vorstellen, dich trotz deiner Krankheit an der frischen Luft wohlzufühlen?

Kannst du dir vorstellen, dass deine negativen Gedanken Pause haben können?

Kannst du dir vorstellen, dass deine Sorgen und Ängste für einen Moment einfach nicht da sind und dich nicht mehr bestimmen?

Entspannung bedeutet Loslassen.

Kannst du dir vorstellen, Negatives loszulassen? Stell dir vor, du könntest einfach loslassen. Öffne deine linke Hand, strecke deine Finger und lasse locker. Balle eine Faust und lasse wieder locker. Du lässt los. Wiederhole das mit deiner rechten Hand! Loslassen kannst du üben. Jeden Abend. Auch das kann zur Routine werden.

Aufgabe 13: Loslassen üben!

Nutze wieder dein Tagebuch und lege eine Zeit fest, wann du das Loslassen üben wirst.

Am besten ist die Abendzeit. Wenn du deinen Tag ausklingen lässt. Setze dich gemütlich auf dein Sofa, lass den Fernseher ausgeschaltet und konzentriere dich auf deine Atmung.

Übung 1: Progressive Muskelentspannung.

(Bitte lies erst die folgenden Zeilen und dann probiere es gleich im Anschluss. Die Übung dauert nicht lange. Während du es dir vorliest, könntest du dir den gesprochenen Text auch mit dem Handy aufnehmen, um ihn dann zur Übung abspielen zu lassen. So kannst du dich wirklich auf die Entspannung konzentrieren.)

Atme ruhig ein und aus und achte darauf, dass dein Ausatmen etwas länger ist als dein Einatmen. Schließe deine Augen und beginne deine rechte Hand zur Faust zu ballen, halte sie kurz angespannt und lasse wieder locker. Wiederhole das mit deiner linken Hand. Spanne deinen rechten Oberarm an, ohne dass du deinen Arm beugst, und lasse wieder locker. Wiederhole das mit deinem linken Arm. Spanne beide Arme an und lasse wieder locker.

Spanne dein rechtes Bein fest an und entspanne wieder. Spanne dein linkes Bein an und entspanne.

Wenn du jetzt beide Arme und beide Beine anspannst und loslässt, versuche so weit loszulassen, dass es sich anfühlt, als würden deine Muskeln viel entspannter sein als vor der Übung.

Diese Übung kannst du fortführen, indem du deinen Bauch hinzunimmst und deinen Rücken, deine Brustmuskeln und deine Po-Muskeln.

Nach einer gewissen Zeit wirst du spüren, dass diese kleine Übung nicht nur deinen Körper entspannt, sondern auch dein Gemüt.

Die Progressive Muskelentspannung nach Jacobson ist eine wunderbare Methode, die du fast überall unbemerkt von deiner Umwelt anwenden kannst. Sie ist einfach und sehr effektiv. Du kannst Sie anwenden bei Stress und Anspannung, bei muskulären Verspannungen, aber auch, wenn du Sorgen hast. Diese Entspannungsmethode bewirkt, dass nach bewusster und willentlicher An- und Entspannung verschiedener Muskelgruppen nacheinander ein tieferer Entspannungszustand im gesamten Körper erreicht werden kann. Die Anspannung wird kurz gehalten und dann wieder gelöst. Dadurch, dass du dich auf den Wechsel zwischen An- und Entspannung konzentrierst, wird dir der Unterschied zwischen beiden Spannungsformen bewusster. Es wird fühlbarer für dich.

Die Progressive Muskelentspannung ist eine gute Vorstufe zur Tiefenentspannung. Sie ist eine perfekte Übung, um zu den eigenen Muskeln und deren Fähigkeit zur Entspannung hinzufühlen. Wenn du wirkliche Tiefenentspannung lernen möchtest, dann beginne mit dieser Methode.

Übung 2: 5-4-3-2-1-Entspannung.

Eine weitere Möglichkeit ist, deinen Körper in Etappen aufzuteilen und zu beziffern. Der Bereich vom Kopf bis zu den Schultern ist die 5, von den Schultern bis zur Taille 4, von der Taille bis zum Becken 3, vom Becken bis zu den Knien 2 und von den Knien bis zu den Füßen 1. Jetzt stell dir vor, dass wenn du hinabzählst, der jeweilige Bereich tief entspannt. Zähle langsam und konzentriere dich auf die Entspannung in dem jeweiligen Bereich, in dem du angelangt bist, und zähle anfangs erst weiter, wenn du dort wirklich entspannt bist. Wenn du zuvor die Progressive Muskelentspannung geübt hast, weißt du jetzt, wie es sich anfühlt, wenn zum Beispiel der Bereich 4 wirklich entspannt ist.

Mit ein bisschen Übung kannst du bald 5-4-3-2-1 herunterzählen und dein gesamter Körper wird sich tief entspannt anfühlen. Diese Methode ist toll, um schnell und sicher zu entspannen. Wenn du genug übst, konditionierst du deinen Körper. Du trainierst ihn sozusagen, auf Abruf zu entspannen.

Wie schalte ich meinen Kopf aus?

Das ist eine sehr spannende Frage, auf die es mehrere Antworten gibt. Zum einen kannst du dich mit Meditation beschäftigen. Du könntest aber auch mit einfachen Atemübungen beginnen.

Wenn du üben möchtest, dich geistig zu entspannen, dann atme etwas kürzer ein als das du ausatmest. Zähle auf 4 beim Einatmen und auf 8 beim Ausatmen. Konzentriere dich ganz auf deine Atmung. Spüre nach, wie es sich anfühlt, in diesem Rhythmus zu atmen. Atme 10 Atemzüge in diesem Rhythmus. Probiere danach einen Wechsel zwischen Brust- und Bauchatmung. Atme zuerst ein paar Atemzüge in die Brust und wechsle dann zur Bauchatmung. Jetzt wird dir bestimmt erst bewusst, welche Atemweise du zuvor genutzt hast, oder? Und spüre den Unterschied. Wenn es dir nicht so deutlich erscheint, wiederhole den Vorgang. Jetzt hast du dich ein paar Momente nur mit deiner Atmung beschäftigt und deine Gedanken hatten Pause, richtig?

Wenn du diese Atmung jeden Abend übst und direkt zur Progressiven Muskelentspannung übergehst, werden deine alltäglichen Gedanken ein paar mehr Momente Pause haben.

Jetzt bist du schon ein großes Stück vorangekommen!

Warum ist Entspannung zum Abnehmen wichtig?

Wenn du weißt, wie du dich gut und schnell tief entspannen kannst, wirst du es in der Regel leichter im Leben haben. Denn Stress, Ärger, Wut und andere unangenehme Emotionen machen sich auch in deinem Körper bemerkbar. Kennst du das vielleicht, dass sich das Gefühl Angst körperlich fühlen lässt? Zuerst allerdings laufen in deinem Inneren verschiedene Prozesse ab. Du schüttest Hormone aus, wenn du Angst hast. Die sogenannten Stresshormone (Katecholamine).

Diese Hormone verengen zum Beispiel Blutgefäße in verschiedenen Körperpartien, die du in dem Moment scheinbar nicht benötigst. Und dein Körper stellt alle Energien bereit, damit du weglaufen kannst, um dich zu schützen. Das hat die Natur sehr gut eingerichtet.

Heutzutage haben viele Menschen Stress. Hier, finde ich, gilt es zu unterscheiden. Womit hast du Stress? Stress auf der Arbeit? Stress in der Partnerschaft? Stress mit dir selbst, weil du dich nicht leiden magst?

Jeder Stress wirkt sich anders aus, aber eines haben die verschiedenen Stressarten gemeinsam: Sie verspannen dich. Deine Muskeln werden fest und fühlen sich unangenehm an. Die Muskeln halten fest. Beim Abnehmen geht es aber ums Loslassen. Du möchtest Gewicht loslassen und freier werden.

Körper und Geist interagieren miteinander. Dein Geist bekommt mit, wenn dein Körper festhält, und anders herum. Du kannst dir also nichts vorspielen! Ich bin der Überzeugung, dass wenn deine Muskeln locker sind, auch dein Geist locker ist und Neues ausprobieren, Neues lernen und Verhaltensweisen besser verändern und modifizieren kann.

Mit den oben beschriebenen Übungen wird es dir viel leichter fallen, abzunehmen. Du kannst es schaffen, dein Gewicht loszulassen.

Angespanntheit kann auch woanders herrühren. Innerer Stress kann durch Verhaltensmuster oder früh Gelerntes hervorgerufen werden. Du musst es nicht mal richtig benennen können. Vielleicht kennst du das Gefühl: „Ich war schon immer dick und hässlich. Ich werde es sowieso nicht schaffen abzunehmen." Vielleicht hat dich als Kind Schokolade getröstet anstatt deiner Mutter Arme, und du hast dieses Verhalten beibehalten.

Aber auch dann kannst du dir wunderbar helfen, indem du die Entspannungsübungen trainierst und erst einmal beginnst, wieder bei dir zu sein.

2) Hypnose

Hypnose ist gerade zum Thema Abnehmen sehr bekannt und erfolgreich. In verschiedenen Foren und im Fernsehen wird von sensationellen Abnehmerfolgen mit Hypnose berichtet. Ja, Hypnose kann sehr erfolgreich helfen, Gewicht zu verlieren.

Hypnose ist eine Möglichkeit, gewollte Veränderungen umzusetzen. Spielend einfach. Wenn du in Trance gehst und genau weißt, wo dein Ziel ist, wie es aussieht, wird dir dein Unterbewusstsein einen Weg zeigen, wie du dein Ziel erreichen kannst. Hypnose kann motivierend, auflösend und heilend wirken, wenn sie richtig angewendet wird.

Hypnose ist ein Zustand, in dem du dich schon oft befunden hast. Unser Gehirn nutzt diesen Zustand mehrmals täglich, um „Pause" zu haben und zu regenerieren. Wenn wir Menschen das nicht könnten, würden wir von den ganzen Sinneseindrücken und Bildern, die wir am Tag verarbeiten müssen, kaputtgehen. Wirst du beispielsweise urplötzlich Augenzeuge eines Autounfalls, wirst du bewusst vielleicht nur knapp rekonstruieren können, was da gerade geschehen ist. Dein Bewusstsein bleibt von den Details verschont. Aber dein Unterbewusstsein nicht. In einer hypnotischen Trance könntest du detailgenau den gesamten Unfallhergang beschreiben.

Das bedeutet, dass dein Unterbewusstsein über eine Menge Informationen verfügt – wie eine Festplatte. Manchmal gilt es, gespeicherte Informationen wie bei einem Computer zu modifizieren, an neue Bedingungen anzupassen oder gar zu löschen, weil sie nicht mehr deiner heutigen Realität entsprechen.

Durch ständiges Wiederholen lernen wir sehr gut. Wenn du deine Entspannungsübungen täglich machst, wirst du feststellen, dass du dir die Abläufe sehr schnell einprägst und nun schon auswendig kannst. Durch Wiederholung hast du gelernt und verinnerlicht. Dein Unterbewusstsein hat diese Art der Entspannung integriert, weil es dir gut tut und weil du es so wolltest.

Die Tiefe der Trance.

Um Suggestionen von einer anderen Person, dem Hypnotisierenden, oder von dir selbst in der Selbsthypnose anzunehmen, ist nur eine leichte Trance erforderlich. In einer leichten Trance ist es möglich, deinem Unterbewusstsein Neues zu suggerieren, beziehungsweise Verhaltensänderungen herbeizuführen. Denn all das, was du ändern möchtest, hast du dir bewusst gedacht oder, wie in diesem speziellen

Moment, schon aufgeschrieben. Es sind also keine irrealen Dinge, oder gar Unmoralisches, was du dir selbst suggerieren würdest. Steht schon alles in deinem Tagebuch...

Hypnotiseure leiten diesen Prozess und beginnen mit ihren Worten eine leichte Trance einzuleiten, indem sie die Entspannung im Körper und Geist des Hypnotisanden stets vertiefen. Die Entspannung verstärkt sich und ein fließender Übergang zu einer tieferen Trance ist unter dieser speziellen Anleitung in der Praxis leicht. Als Patient oder Klient kann man sich fallen lassen, genießen und geschehen lassen. Denn alles, was der Profi in deiner Trance sagt, habt ihr zuvor abgesprochen, und auch nur das, was du annehmen möchtest, wird in dein Unterbewusstsein gelangen.

Für deine Selbsthypnose und für das, was du allein tun kannst, reicht die leichte Trancetiefe vollkommen aus. Stell dir vor, du würdest tiefer gehen, dann würde es dir schon schwerfallen, dir deine Affirmationen vorzusprechen oder gar zur richtigen Zeit die Hypnose zu beenden.
Für eine mittlere Trancetiefe ist es wirklich schön angeleitet zu werden, weil du dann völlig loslassen kannst und dich eben nicht mehr auf deine einzelnen Schritte konzentrieren musst.

Deine leichte Trance soll dich entspannen und gleichzeitig sollst du dich bewusst auf das konzentrieren, was in dein Unterbewusstsein gelangen soll. Das gibt dir Sicherheit. Du kontrollierst dich und deine Trance.

Übrigens, die Kontrolle in der Hypnotherapie hat immer der Patient! Viele Patienten befürchten, dass sie die Kontrolle verlieren würden. In der Therapie wird der Therapeut grundsätzlich nur Suggestionen verwenden, die zuvor im vollen Bewusstsein besprochen wurden. Andere Suggestionen würde dein Bewusstsein auch ablehnen und gar nicht erst in dein Unterbewusstsein sinken lassen. Also hast du stets die Kontrolle und bist in Sicherheit.

Hypnose kann auch genutzt werden, um in eine spezielle, sehr tiefe Trance zu gelangen. Das nennt man Somnambulismus.

Diese Trancetiefe wird nach meiner Erfahrung und meines Wissens sehr, sehr selten genutzt beziehungsweise erlebt.

Ich glaube, dass wir ein sehr großes Vertrauen zu uns selbst und zum Hypnotiseur brauchen, um in diesen Zustand zu gelangen. Diese Trancetiefe durfte ich bisher einmal erleben. Seither nie wieder. Ich war so tief in der Hypnose, dass ich einerseits nicht mehr zurück wollte, weil ich glaubte zu schweben und dass alles so super easy wäre, und andererseits hatte ich das Gefühl allein nicht mehr zurückkommen zu können. Sehr spooky. So war es für mich. Jemand anderes wird es sicherlich anders beschreiben. Und genau das ist der Punkt. Jeder Mensch erlebt Trance anders.

In der leichten Trance, die du jetzt anwenden kannst, wirst du dich auch wie im vollen Wachbewusstsein unterhalten können. Manche Menschen glauben erst gar nicht, dass sie in Trance sind. Das ist vollkommen in Ordnung, auch wenn du das denkst. Und trotzdem wirst du bald spüren, dass es dir viel einfacher fallen wird, deine Vorsätze umzusetzen. Du wirst schneller spüren, dass du immer noch motiviert bist und unbedingt weitermachen möchtest. Du wirst bemerken, dass es dir leichter fällt, bestimmte Dinge nicht mehr zu tun, die du vorher regelmäßig getan hast, ohne es zu wollen.

All dies sind Erfahrungen, die dich irgendwann zu dem Schluss bringen, dass Selbstsuggestionen und eine leichte Trance helfen, Ziele zu erreichen.

Gehen wir also davon aus, du könntest durch diese Entspannungsübungen in eine Trance gehen, dann könntest du dir gewünschte Verhaltensänderungen mit Affirmationen suggerieren.

Affirmationen

Affirmationen sind Sätze, die du dir selbst vorsprechen kannst. Sätze, die „Befehle" enthalten. Eine Aufgabe. Oder auch ein Ziel. Sie sollen eine Änderung in dir bzw. in deinem Verhalten bewirken.

Du kannst dir diese Affirmationen in Zukunft direkt nach der Entspannungsübung im entspannten Zustand laut vorlesen oder auswendig mit geschlossenen Augen sagen. Du könntest sie dir auch mit dem Handy als Tonspur aufnehmen und dann abspielen.

Vielleicht magst du dir die für dich passendsten Affirmationen auf Post-its schreiben und an deinen Spiegel kleben. Dann kannst du sie dir jeden Morgen und Abend vorsprechen.

Aufgabe 14: Affirmationen notieren!

Schreibe in dein Tagebuch deine Lieblingsaffirmationen, um sie dir immer wieder durchlesen zu können, wenn du wieder neue Einträge schreibst.

Wichtig ist, dass du dir die für dich besten Affirmationen jeden Tag vorsprichst. Du kannst sie dir auch denken, wenn du dich erst mal noch nicht traust, dich direkt im Spiegel anzusprechen.

Du wirst es bald mit einem guten Gefühl schaffen, dir im Spiegel in die Augen zu sehen und dir die Sätze laut zu sagen. Am Anfang wird es sich vielleicht etwas befremdlich anfühlen, aber du wirst dich daran gewöhnen, und vor allem wirst du den Nutzen bemerken.

Weiter unten bekommst du eine Anleitung, wie viele Affirmationen du anfangs am besten sprichst und wie du dann weitermachen kannst.

Zuerst ist es wichtig, deine Affirmationen zu notieren. Egal wie viele!

Affirmationen motivieren ungemein und machen ein absolut gutes Gefühl. Laut ausgesprochen und oft wiederholt wirken sie am besten.

Die größte Wirkung haben diese Affirmationen, wenn du sie dir in Trance vorsprichst oder anhörst.

Deine Affirmationen

Ich werde mich immer gesund ernähren.

Ich achte auf mich.

Ich werde mich täglich bewegen.

Ich bin gut zu mir.

Ich entspanne mich regelmäßig.

Ich bin mutig.

Ich nehme Gewicht ab und fühle mich dabei wohl.

Ich esse bewusst.

Ich esse langsam und spüre ein deutliches Sättigungsgefühl, wenn mein Körper genug aufgenommen hat.

Ich trinke so viel Wasser, wie mein Körper braucht.

Ich werde so schlank, wie es für mich gut und gesund ist.

Die Bewegung tut mir gut und ich fühle mich beim Sport wohl.

Ich bin jeden Tag motiviert und komme meinem Ziel immer näher.

Wenn ich an mein Ziel denke, habe ich ein gutes und leichtes Gefühl und weiß, dass ich es schaffen werde.

Ich arbeite jeden Tag an mir.

Durch meine Veränderung bekomme ich Kraft und Energie.

Ich bin selbstbewusst.

Mein Unterbewusstsein unterstützt mich.

Die Ernährungsumstellung wird zur Gewohnheit.

Es ist leicht für mich, stilles Wasser zu trinken.

Ich mag Obst und Gemüse.

Ich freue mich, dass ich jetzt abnehme.

Ich bin gesund.

Ich fühle mich frisch und munter.

Ich bin dankbar für meine Veränderung.

Ich achte auf die Botschaften meines Körpers.

Ich bin körperlich und geistig flexibel.

Ich esse kontrolliert.

Ich lebe gesund und ausgewogen.

Ich esse nur noch, wenn ich Hunger habe.

Meine Portionen werden kleiner.

Ich erlaube mir schlank zu werden/zu sein.

Ich freue mich über meine gesunde Ernährung.

Ich achte mich und meinen Körper.

Ich verzeihe mir.

Ich liebe gutes Essen und genieße.

Ich bekomme genug.

Ich akzeptiere mich.

Ich bin für eine Veränderung bereit.

Ich genieße meine Veränderung jeden Tag.

Ich genieße meine Entspanntheit und meine innere Ruhe.

Ich weiß, was ich will.

Jeden Tag erhalte ich mehr Möglichkeiten.

Ich bin wertvoll.

Ich habe eine Wahl.

Ich bin glücklich.

Ich bin stolz auf mich und das, was ich kann.

Ich fühle mich frei.

Ich erkenne ganz klar und deutlich, was mein Körper wirklich braucht.

Ich konzentriere mich auf mich.

Ich bleibe bei mir und meinem Ziel.

Mein Denken ist frei.

Ich bin gut.

Für alles, was ich wirklich brauche, kann ich sorgen.

Ich habe eine innere Balance.

Ich fühle mich im Gleichgewicht.

Ich werde abnehmen.

Ich kann mit mir und meiner Veränderung sehr gut umgehen.

Ich bin zuversichtlich.

Mit Stressgefühlen kann ich sehr gut umgehen, indem ich mich sofort körperlich und geistig entspanne.

Ich nehme ab, weil ich es möchte.

Ich verändere meine Ernährung, weil ich abnehmen möchte.

Ich bin stolz, weil ich mein Wunschgewicht erreiche.

Ich bin motiviert und bewege mich jeden Tag.

Der Weg ist das Ziel.

Ich beschreibe dir nun, wie du es allein bewusst schaffen kannst, in eine leichte Trance zu gehen.

Zuerst ist es notwendig, dass du über die Atem- und Entspannungsübung nicht mehr nachdenken musst! Sie muss für dich wie ein automatischer Prozess sein. Ganz leicht.

Übung macht den Meister!

Dann solltest du dir ein bis zwei Affirmationen heraussuchen, wenn du sie dir vorsprechen möchtest. Wenn du dir welche aufgenommen hast und sie dir anhören möchtest, kannst du mehr als zwei Affirmationen verwenden. Hierbei kommt es auf die Qualität, nicht die Quantität an. Nutze also maximal fünf Affirmationen. Wichtig ist, dass du sie wiederholt abspielen kannst, wie eine Endlosschleife. Genauso ist es beim Vorsprechen. Sprich sie in der Trance sieben bis zehn Mal.

> **Übung 3: Eine leichte Trance.**
>
> Mache ein- bis dreimal deine Atemübung und beginne dann deine Entspannungsübung. Gut geeignet wäre hier die 5-4-3-2-1-Methode.
>
> Du atmest und bist entspannt. Du konzentrierst dich voll und ganz auf dich und deinen Körper. Spüre, wie sich dein Körper anfühlt. Vielleicht ist er ganz leicht oder vielleicht fühlt er sich ein bisschen schwer an. Ein angenehmes Gefühl, weich und warm.
>
> Fühle, wie deine Atmung langsamer wird und bleibe mit deinen Gedanken ganz bei dir und deiner Entspannung.
>
> Jetzt beginne deine Affirmationen (maximal 1-2) zu sprechen oder zu hören (maximal 5).

Wichtig ist, dass du dir vorher ganz deutlich sagst, dass du nach den Affirmationen die Augen öffnest und frisch und munter bist. Hier ist deine Trancereise auch schon vorbei.

Es ist nicht wichtig, wie lang eine Selbsthypnose ist. Entscheidend ist die Qualität. Und mit der Zeit und viel Übung wird sie qualitativ immer besser. Du bist routinierter und kennst dich und dein Verhalten in der Entspannung immer besser. Sei dir bewusst, dass es sehr, sehr wichtig ist, dass du immer nach den Affirmationen die Augen öffnest und wieder vollkommen wach bist.

Auch wenn du die Tranceübung vor dem Zubettgehen machst, solltest du unbedingt noch mal richtig wach werden, dich strecken und recken und dir bewusst werden. Danach kannst du dich gern wieder hinlegen und richtig schlafen.

Denn wenn du während der Trance einschläfst und das eventuell ein paar Mal passiert, würdest du diese Übung als Einschlafhilfe nutzen, die dann nicht mehr den gewünschten Effekt hat. Es würde dir dann wirklich nur noch mehr oder weniger beim Einschlafen helfen. Das wäre sehr schade.

Wann können mehr Affirmationen gesprochen werden?

Ich schlage dir vor, zuerst zwischen den Affirmationen zu wechseln.

Aufgabe 15: Plane deine Affirmationen für die Trance!

Sprich die ersten Affirmationen eine Woche lang. Du könntest sie zweimal täglich sprechen, morgens und abends. Es ist allerdings auch vollkommen in Ordnung, sie nur einmal zu sprechen. Es geht immer um die Qualität. Lieber einmal intensiv und motiviert als zweimal halbherzig. Dann wählst du dir neue Affirmationen aus und sprichst diese auch wieder eine Woche lang. Dieses Muster wiederholst du noch 2 Mal. Jetzt ist ein Monat um. Traust du dir und deiner Konzentration zu, dass du eine dritte und vierte Affirmation hinzunimmst?

Wenn ja, tue es. Ansonsten bleibe einfach dabei, wie du es bisher gemacht hast. Alles ist gut. Denke daran, es geht hierbei immer um die Qualität!

Anker setzen.

Ein Anker ist zum Beispiel eine Berührung, ein Klang oder ein Duft. Du kannst also Emotionen an einen deiner Sinne koppeln. Wenn du ein angenehmes Gefühl, wie zum Beispiel die tiefe Entspannung, an einen Duft koppelst, könntest du zu irgendeiner Zeit, wenn du den Duft riechst, dieses Entspannungsgefühl fühlen und nachempfinden. Du kannst Gefühle an die drei Sinne Riechen, Fühlen und Hören verketten.

Ein Anker ist eine Verkettung von Ursache und Wirkung. Vielleicht kennst du das Hundeexperiment von Pawlow. Pawlow zeigte in diesem Experiment, dass ein Hund, wenn er Futter bekommt und gleichzeitig ein Klang ertönt, später mit Speichelfluss reagiert, wenn nur der Ton zu hören ist.

Ankern ist eine Technik, die du auch aus deinem Alltag kennst. Du hast in deinem Leben viele Gefühle an verschiedene Situationen geankert. Ein Beispiel wäre, dass dich ein gewisser Duft eines Parfums an eine bestimmte Situation in deiner Vergangenheit oder an eine Person erinnert. Das ist ein olfaktorischer Anker. Der Geruchssinn wird angesprochen. Oder wenn du ein Kochbuch durchblätterst und dir die verschiedenen Gerichte ansiehst, läuft dir eventuell das Wasser im Mund zusammen. Hier findet sich der visuelle Anker. Also über das Sehen hast du eine bestimmte Empfindung. Vielleicht kennst du es auch, dass du ein bestimmtes Lied im Radio hörst und dieses dich an ein Gefühl oder an eine Situation mit einer bestimmten Person erinnert. Vielleicht eine Jugendliebe. Dieser akustische Anker ist dir sicher bekannt.

Genau so, wie positive Gefühle geankert werden können, hast du bisher vielleicht auch negative Gefühle beziehungsweise Verhaltensweisen geankert.

Ein unerwünschter Anker wäre zum Beispiel, in einer bestimmten Situation oder mit einem bestimmten Gefühl zum Kühlschrank zu gehen und was zu essen „zu suchen". Das Rauchen wäre auch ein unerwünschter Anker, oder ständig gesüßte Getränke zu sich zu nehmen.

Wie du unerwünschte Anker „neutralisieren" kannst, beschreibe ich dir weiter unten.

Jetzt konzentrieren wir uns auf neue positive Anker, beziehungsweise auf „Ressourcen-Anker".

Würdest du zum Beispiel während deiner Tranceübung ein motivierendes Gefühl durch die Affirmationen haben, könntest du an einem Duftöl riechen, um dieses Motivationsgefühl zu ankern. Je stärker das Motivationsgefühl ist und je intensiver du in diesem Gefühl bist, desto stärker wird dein Anker sein, wenn du ihn zukünftig auslöst. So kannst du zu einer Zeit am Tag, wo du mal ein ungutes Gefühl hast oder zum Beispiel unbedingt Schokolade essen möchtest, an deinem Anker-Duft riechen, und schon hast du das negative Gefühl gegen ein viel positiveres in Nullkommanichts ausgetauscht.

Wichtig dabei ist, dass der Anker, in diesem Fall das Duftöl, präzise ist. Das bedeutet, dass es wirklich immer **derselbe** Duft sein muss! In der Regel ist es so, dass wir denken würden, wenn wir Calendula-Öl von einer bestimmten Marke haben, dass das Calendula-Öl einer anderen Marke genauso riecht. Dem ist oft nicht so!

Ich selbst habe zum Beispiel einen Berührungsanker installiert, der mir während der Geburt meines Sohnes half, körperlich entspannt zu bleiben.

Der Berührungsanker kann genauso wie der Duftanker installiert werden. Körperstellen wie die Schulter oder der Oberschenkel oberhalb des Knies sind sehr gut geeignet. Dort kommst du leicht ran und kannst sie jederzeit selbst auslösen. Auch bei der Berührung ist es wichtig, dass sie präzise und deutlich ist. Besser ist es die ganze Handfläche zu nutzen. So ist es beim Auslösen des Ankers sicherer, dass du die

„richtige" Stelle triffst, als wenn du nur deine Fingerspitze zum Ankern nutzen würdest.

Bei einem „Ressourcen-Anker" nutzt du eine Ressource, also ein bekanntes gutes Gefühl aus deiner Vergangenheit. Dafür kannst du dich zum Beispiel an einen Moment aus deiner Vergangenheit erinnern, der sehr schön war.

Übung 4: Ankern einer Ressource.

Nutze einen besonders starken Moment! Erinnere dich zurück und versuche dein Gefühl von damals nachzuempfinden. Es kann ein glücklicher Moment sein, wenn du das Gefühl Glück ankern möchtest. Genauso kannst du einen Moment nutzen, in dem du dich besonders selbstbewusst gefühlt hast. Oder etwas anderes, was du jetzt gerade gern möchtest. Geh richtig rein in das Gefühl und wenn du es hast, dann ankere es, wie du möchtest. Mit einem Duft oder einem Klang oder einer Berührung.

Wenn du das gemacht hast, dann geh noch mal ganz raus aus dem Gefühl. Lenke dich ab. Konzentriere dich auf etwas anderes. Vielleicht erledigst du eine kleine Aufgabe, die nur wenige Minuten in Anspruch nimmt.

Dann löse deinen Anker aus und fühle nach, was passiert! Jetzt sollte das gute Gefühl wieder deutlich spürbar sein.

Ist das nicht der Fall, dann wiederhole den gesamten Vorgang. Gehe intensiver in das Gefühl von damals und nutze denselben Anker, also entweder den Duft, den du zuvor hattest, oder den Klang oder dieselbe Körperstelle, an der du geankert hast. Und dann mache wieder einen Test.

Wann und wo?

Trancezustände kannst du am besten zu einer Zeit genießen, wenn du vollkommene Ruhe hast und dich wirklich niemand stören kann. Schaffe dir diesen Freiraum!

Besprich deinen Plan mit deiner Familie. Sie werden es bestimmt akzeptieren. Deine Tranceübung dauert in der Regel nicht länger als eine halbe Stunde. Und diese halbe Stunde bekommst du bestimmt freigeschaufelt.

Suche dir einen Ort aus, wo du dich wohl und geschützt fühlst. Nimm bitte nicht dein Schlafzimmer! Dein Schlafzimmer ist dein Schlafbereich, also aufs Schlafen ausgerichtet. Sonst wird es fast unmöglich werden, während deiner Tranceübung nicht einzuschlafen.

Solltest du allerdings in deinem Schlafzimmer eine Meditationsecke eingerichtet haben, würde sich diese eignen, wenn du die Trance im Sitzen durchführst.

Ansonsten wähle dir einen für dich warmen und angenehmen Ort aus. Zum Beispiel im Wohnzimmer auf dem Teppich. Oder in deinem Garten. Oder irgendwo anders im Freien.

Bitte fahre niemals Auto, während du Entspannungsübungen machst!

Sei für alle Übungen immer an einem geschützten Ort! Am besten wäre es, wenn du dich immer an denselben Ort begeben würdest, um dich zu entspannen. Dann wäre auch der Ort für dich wiederum ein Anker.

3 Deine glückliche Seele.

Manchmal kann es passieren, dass du dir wünschst, endlich einen Schalter umlegen zu können, um dich zu trauen, das zu tun, was du eigentlich tun möchtest. Hier steckt das Wort „eigentlich" drin.

Damit kann unser Unterbewusstsein so gar nichts anfangen. Weil du dir nicht sicher bist, ob du das wirklich möchtest, was du dir immer wieder ausmalst.

Vielleicht erfindest du in verschiedenen Situationen „Ausreden", um nicht zu beginnen, was du „eigentlich" möchtest. Am deutlichsten wird das in Gesprächen mit anderen Personen, wenn es um das „Problem"-Thema geht.

Manche Menschen werden sogar ein wenig aufgeregt oder wütend, wenn sie sich ertappt fühlen oder sich ihr Gegenüber mit ihren Argumenten einfach nicht von ihrer „Sichtweise", etwas nicht in Angriff nehmen zu können, überzeugen lässt.

Manche würden sich auch jetzt schon leicht aufregen, wenn sie diese Zeilen lesen.

Irgendwo piekst es.

Also warum ist es so, dass wir Menschen manchmal einfach nicht vorankommen?

Weil wir oft nicht in der Gegenwart leben, sondern uns unsere Vergangenheit begleitet. Sie gehört zu uns und unserer Persönlichkeit. Die Vergangenheit, unsere vergangenen Gespräche mit anderen und unsere Erfahrungen, haben uns geformt und unsere Meinungen gebildet. Daraus können sich Muster abzeichnen. Muster, die wir immer wieder in unserem Verhalten zeigen.

Nehmen wir an, du hast zum Beispiel gelernt, deine Bedürfnisse hintenanzustellen. Um damit zurechtzukommen, hast du vielleicht die Strategie Essen entwickelt. Du fütterst dich also zufrieden.

Natürlich kannst du auch glücklich sein mit dem einen oder anderen Thema. Niemand ist perfekt. Aber du bist definitiv glücklicher, wenn du dich frei fühlst, dich mit dir wohlfühlst, wenn du dich tief entspannen kannst, ohne ein schlechtes Gewissen zu haben. Wenn du weißt, was du kannst und wer du bist.

Ein Beispiel aus meiner Praxis:

Ich nenne meine Klientin Rita. Rita ist Raucherin und möchte eigentlich aufhören. Genau. Eigentlich. Eigentlich schmeckt die Zigarette aber viel zu gut. Sie würde am liebsten ihr ganzes Leben lang weiter rauchen.

Sie weiß aber, dass es gesundheitsschädigend ist. Dazu kommt, dass in ihrer Familie viele Herzkreislauferkrankungen vorkamen und diejenigen, die es betraf, auch viel und gerne geraucht haben. Sie hat also Angst, krank zu werden. Da würde doch jeder denken, dass es für Rita auch ohne Hypnose einfach sein müsste, mit dem Rauchen aufzuhören.

Ich nenne dieses Schema einen Teufelskreislauf. Rita hatte sich vor Jahren angewöhnt zu rauchen, sobald ein Stressgefühl spürbar wurde, um sich scheinbar wieder zu entspannen. Angst und Gewissensbisse sind allerdings genauso unangenehme Gefühle und machen unbewusst und auch deutlich spürbar Stress. Das bedeutet, wenn sie raucht, hat sie im Nachhinein Stress, was wiederum zum erneuten „Rauchen-Wollen" führt. Und genau das war es, was sie in dem Glauben ließ, süchtig zu sein. Das eben Beschriebene ist ein unerwünschter Anker. Eine Verkettung von Ursache (Stressgefühl) und Wirkung (Rauchen).

Wichtig für sie ist es also nicht, zu erkennen, dass Rauchen generell schlecht ist, sondern welche Vorteile es hat, nicht zu rauchen! Sie spart zum Beispiel wertvolle Zeit. Sie kann, wenn sie aufgehört hat zu rauchen, mit ihren Kindern gemeinsam frühstücken, anstatt auf dem Balkon zu stehen und zu rauchen. Sie kann in ihrer freien Zeit die frische Luft genießen und ihre Pause wirklich zur Entspannung nutzen. Und das Beste kommt wie immer zum Schluss: Sie braucht kein schlechtes Gewissen mehr zu haben!

Sie hatte ihrer Gesundheit, ihrem Körper und ihren Kindern gegenüber ständig (täglich mehrmals) ein schlechtes Gewissen. Damit ist jetzt Schluss! Viele negative Gefühle, die sie nie wieder in diesem Zusammenhang spüren muss. Und die ersetzt werden durch das positive Gefühl, sich und ihrem Körper etwas Gutes zu tun. Eine echte Befreiung.

In der Hypnosetherapie haben wir die Verkettung von Ursache und Wirkung erfolgreich gelöst.

Warum ich hier ein Raucherentwöhnungsbeispiel beschreibe, ist ganz einfach. Es lenkt dich kurz von deinem Thema ab und gibt dir eventuell neuen „geistigen" Raum, freier über das Abnehmen nachzudenken. Dieses Beispiel lässt sich sehr gut auf das Abnehmen adaptieren.

1) Kindheitserinnerungen und alte Emotionen

Wenn du vor mir sitzen würdest, würde ich dich fragen, wie dein Essverhalten und die Esskultur deiner Familie in deiner Kindheit gewesen sind. Kannst du dich daran erinnern? Musstest du immer aufessen, weil sonst morgen die Sonne nicht scheint? Oder gab es andere Regeln?

Oft ist es so, dass Menschen, die immer aufessen, diese Regel aus ihrer Kindheit kennen.

Isst du auch immer auf?

Oder ist es vollkommen in Ordnung, Reste auf dem Teller zu lassen?

Was meinst du, wie es für dich wäre, wenn du etwas von deiner Mahlzeit übrig lässt?

Oder gab es zum Beispiel immer einen Nachtisch? Isst du heute noch oft etwas Süßes nach deiner Hauptmahlzeit? Ist das fast wie ein Zwang?

Welche Rituale gab es noch in Bezug auf das Essen in deiner Familie?

Jedes Ritual oder jede Angewohnheit ist mit einer Emotion verbunden.

Wenn du zum Beispiel nach dem herzhaften Essen immer etwas Süßes essen möchtest, und es quasi gar nicht ohne geht, gibt es zuerst ein weniger schönes Gefühl, wenn du es dir verbieten würdest. Du verbindest den Nachtisch mit einem guten Gefühl. Es ist der Abschluss des Essens. Oder du redest dir ein, dass du so den Geschmack deiner Hauptmahlzeit neutralisierst. Oder es gehört einfach für dich dazu. Es kann verschiedenste Gründe und Möglichkeiten dafür geben. Du musst sie nicht mal kennen, um daran etwas zu ändern. Du könntest einfach damit Schluss machen. Es hinter dir lassen.

Bleiben wir kurz bei diesem Beispiel. Stell dir vor, du siehst dir ein Bild von deinem Essen an. Deine Hauptmahlzeit und der Nachtisch dazu. Dieses Bild begleitet dich nun schon lange, lange Zeit, tagein tagaus.

Und jetzt stell dir vor, du würdest es hinter dich schieben. Dorthin, wo es hingehört. Hinter dich, wo es angefangen hat. Es gehört deiner Vergangenheit an. Nun schau nach vorn. Du hast jetzt einen klaren und freien Blick nach vorn. So lässt sich leichter an deine Zukunft denken.

Vielleicht fällt dir noch mehr ein, was eigentlich in deine Vergangenheit gehört.

Stell dir vor, du könntest eine rote Linie ziehen, die ganz weit hinter dir beginnt und in der Gegenwart, direkt bei dir, endet. Wenn du an deine Kindheit denkst und dir die Linie anschaust, müssten Bilder aus deiner Kindheit sehr weit hinten an der Linie zu finden sein.

Wenn dich heute Dinge begleiten, die aus deiner Kindheit stammen, kann es sich anfühlen, als würden dich diese Bilder blockieren. Und das tun sie auch. Sie nehmen dir die freie Sicht nach vorn.

Wäre es zum Beispiel die Angewohnheit, immer aufessen zu müssen, könntest du diese Handlung in ein Bild umwandeln und es hinter dich schieben. Sortiere es chronologisch ein. Dorthin, wo es hingehört.
Lass dir Zeit dabei. Was passiert, wenn du dich in deinen Gedanken wieder nach vorn drehst, der Zukunft entgegen? Wie fühlt es sich an?

Vielleicht fühlst du dich schon leichter oder sogar ein bisschen befreiter.

So kann es passieren, dass du einige Dinge mit dir herumträgst, die schon so alt sind, dass sie aus deiner Gegenwart aussortiert werden können, weil sie dir jetzt nicht weiterhelfen, dich nicht voranbringen.

Aufgabe 16: Was blockiert mich?

Nimm dein Tagebuch zur Hand und schreibe Dinge/Verhaltensweisen auf, die dich blockieren und die du ändern möchtest! Während du dir dein Geschriebenes noch mal durchliest, kannst du vielleicht erkennen, was aus deiner Kindheit stammt oder auch aus deiner Jugend.

Wenn es mehrere „Baustellen" sind, rate ich dir, eine nach der anderen hinter dir einzuordnen. Jeden Tag eine! Das genügt.

Denn du solltest dich beobachten und nachfühlen, wie es ist – ohne die Verhaltensweise X.

Wenn du dich ertappst, dass du gern X machen würdest, dann schau' dir das Bild an und schiebe es hinter dich, an die richtige Stelle, und blicke wieder nach vorn. Schau nach vorn und sieh, was dich erwartet.

Löse einen Anker aus, der jetzt passt! Ein Glücksgefühl oder ein starkes selbstbewusstes Gefühl oder ein Motivationsgefühl.

In meinen Sitzungen fordere ich meine Klienten oft auf, mir ein Bild zu beschreiben, welches sie in der Zukunft zeigt. Stell dir vor, du könntest dich in der Zukunft sehen und du hättest zu dem Zeitpunkt dein Ziel schon erreicht! Wie würdest du aussehen? Was hättest du an? Lächelst du auf dem Bild? Was glaubst du, wie du dich fühlen wirst?

Aufgabe 17: Meine Gedanken in Bildern.

Beantworte dir die oben gestellten Fragen und schreibe deine Gedanken auf! Wenn du möchtest und dich gern künstlerisch betätigst, dann male dieses Bild. Du könntest auch eine Bildcollage basteln, wenn dir das gefällt und dich motiviert.

Dranbleiben!

Ein Bild deiner Zukunft wird dich immer dann motivieren, wenn du glaubst festzustecken. Am Anfang deines Abnehm-Weges wirst du wahrscheinlich schnell abnehmen. Du wirst viel Wasser verlieren. Und durch deine verbesserte und gesunde Ernährung wirst du schon einiges an Fettgewebe reduzieren. Die ersten Kilos purzeln also recht schnell. Dann kann es passieren, dass du einen gefühlten Stillstand erreichst. Du könntest das Gefühl haben, dass es jetzt nicht mehr weitergeht und dass all das überhaupt nichts bringt.

Die Lösung dafür heißt: Dranbleiben! Motiviere dich mit deinem Bild aus deiner Zukunft! Schau es dir mehrmals täglich an und fühle alles, was du dort in deiner Zukunft fühlen wirst!

Ankere auch dieses gute Gefühl. Dann kannst du es immer wieder einfach hervorholen, wenn du es brauchst.

Wenn du einen Stillstand hast, der nicht dauerhaft bleibt, sondern mal da ist und wieder weg, dann kann es sein, dass deine Muskeln gewachsen sind. Das heißt, dass du zwar Fettmasse abgenommen hast, aber dass sich auf der Waage nichts getan hat. Mein Tipp ist an der Stelle, nicht mehr auf die Waage gehen, sondern an deinen Kleidern deinen Körperumfang zu messen und in dich hineinzuhören, wie es dir tatsächlich in dem Moment körperlich geht. Hast du mehr Kraft? Kannst du mehr Ausdauer aufbringen? Sind deine Hosen an den Oberschenkeln und der Hüfte weiter geworden?

Motivationsstrategien.

Natürlich wird es jedem so gehen, dass wenn sich auf der Waage nichts tut, man zuerst demotiviert ist. Du bekommst nämlich keine Belohnung in Form von geringeren Kilozahlen, die dich anspornen „Prima, immer weiter so!". Deswegen solltest du dir mehrere Strategien zur Motivation zurechtlegen und immer, wenn du sie brauchst, und auch zwischendurch abrufen.

- Es ist ganz klar die Waage.
- Aber auch die Anerkennung durch Familie, Freunde und Bekannte.
- Es sind das Bild aus deiner Zukunft und deine anderen Anker.
- Es sind deine alten Klamotten, die dir bald wieder passen.
- Es sind deine Klamotten, die schon viel, viel zu weit sind.

Am besten und am wichtigsten ist deine innere Motivation. Die hält dich wirklich bei der Stange und hilft dir, intensiv mit deinem Plan fortzufahren.

Innerlich motiviert bist du, wenn du weißt, was du willst und bis wann du es erreichen möchtest, und wenn du Zwischenziele hast, die du erreichen kannst. Du bleibst innerlich motiviert, wenn du deine Anker und deine Affirmationen nutzt. Wenn du regelmäßig entspannst und deine Übungen machst.

Ich möchte dich nochmals an die Stelle weiter oben erinnern, wo ich beschreibe, wie du am besten deinen Zielplan festschreibst und was du dabei beachten solltest.

Stell dir vor, du würdest ständig schwanken zwischen „Möchte ich abnehmen?" oder „Möchte ich so bleiben, wie ich bin?". Dann würdest du einerseits vielleicht mit dieser Methode hier beginnen, du wärst dir aber gar nicht so recht sicher, ob du den Erfolg wirklich haben möchtest. Was macht das für ein Gefühl? Ich denke, dass es dich unsicher und unzufrieden machen kann. Vielleicht frustriert es dich sogar und du machst alles nur halbherzig, um dann in einer Rezension zu schreiben, dass es nichts bringt. Dann ist deine Seele bestimmt nicht glücklich, weil du gar nicht bei dir bleiben kannst. Du könntest dann nie fest entschlossen berichten, was du vorhast und wie genau du das planst. Du könntest vielleicht gar nicht dein Tagebuch führen. Das wäre unschön und würde ganz sicher nicht zum Erfolg führen.

Entschließe dich also, was du tun möchtest!

2) Ist Schokolade wirklich Seelenfutter?

„Schokolade ist lecker, süß und passt irgendwie immer, wenn ich mich mal nicht so gut fühle. Oder wenn ich angespannt und gestresst bin, oder traurig."

Ist das wirklich so?

Was genau passiert, wenn du Schokolade isst? Hast du dann wirklich ein besseres Gefühl, nachdem du sie gegessen hast? Oder ärgerst du dich, weil du weißt, dass du sie eigentlich hättest nicht essen sollen?

Warum hast du überhaupt Schokolade gegessen?

Das passt natürlich auch alles auf diejenigen, die eher Salziges bevorzugen. Es ist genau das gleiche Prinzip. Nur dass die Schokolade gegen Salziges ausgetauscht wird.

Aufgabe 18: Wann hilft mir Schokolade?

Notiere in deinem Tagebuch, wann dir Schokolade scheinbar hilft. Notiere, wann du Schokolade unbedingt essen möchtest und nicht widerstehen kannst. Beobachte dich! Ist es besonders abends vor dem Fernseher? Oder meistens dann, wenn du dich gestresst fühlst? Oder möchtest du Schokolade essen, weil es für dich zur Entspannung gehört?

Und dann beobachte dich so genau, dass du dir aufschreiben kannst, was dir dein Gefühl sagt, wenn du sie gegessen hast! Hattest du danach ein schlechtes Gewissen, weil du überflüssigen Zucker und Kalorien zu dir genommen hast? Oder denkst du dir sogar, nachdem du das schlechte Gewissen kurz gespürt hast, dass es ja eh egal ist, weil du ja schon dick bist. So nach dem Motto: „Viel schlimmer kann es ja nicht werden." Schreibe es auf!

Je mehr du aufschreibst, desto verbindlicher wirst du dir gegenüber, und du kannst nachsehen, wie es tatsächlich war und beschummelst dich weniger. Das heißt, du suchst dir dann weniger Ausreden, um nicht mit der Veränderung zu beginnen. Es ist nämlich sehr leicht, eigene Gefühle mit dem Verstand zu „korrigieren", um sich nicht ganz so schlecht zu fühlen.

Erinnere dich kurz zurück an das Beispiel aus meiner Praxis. Denke an Rita, die „eigentlich" nicht mehr rauchen wollte. Rita war in einem Teufelskreis und hat für sich immer wieder neue Ausreden erfunden, sich noch nicht die Hilfe zu suchen, um rauchfrei zu werden.

Wie steht es mit dir? Suchst du immer noch nach Ausreden, jetzt noch nicht mit dem Abnehmen beginnen zu müssen?

Was muss passieren, dass du dieses Programm hier startest? Was brauchst du?

3) Was bedeutet Genuss?

Aus meiner Sicht ist Genuss, wenn ein Stück Schokolade ausreicht. Genuss ist, wenn du wirklich schmeckst, wie Schokolade schmeckt.

Und ist Genuss immer nur mit Schokolade verbunden?

Du kannst jedes Lebensmittel genießen. Genießen ist nicht, wenn du zwei Teller Mittagessen verschlingst, sondern wenn du langsam isst und schmeckst, was in deinem Magen landet.

Genießen ist, wenn du wahrnimmst, wie die Speisen in deinem Mund zergehen, wie sich die einzelnen Komponenten deines Essens vermischen.

Es ist fatal, wenn du eine Tafel gefüllte Schokolade mit Orangenmus „einatmest" und danach dann sagst, dass es lecker war. Was genau war lecker?

Und so ist es mit allen Sachen, die du isst. Es ist egal, ob ich hier von Schokolade, Wein, Käse oder Brot schreiben würde. Es geht um das Prinzip.

Überzeuge dich, wieder mit dem Genießen beginnen zu wollen! Mache es am besten mit dir selbst aus. Also still!

Aufgabe 19: Iss langsam!

Iss ab jetzt langsamer als zuvor. Genieße das, was du isst. Und genieße die Zeit beim Essen.
Ein Coach hat mir mal gesagt: „Geh langsam, wenn du es eilig hast."

Jetzt kannst du langsam essen, nimm dir die Zeit für deine Mahlzeit. Wenn du schlingst, bist du auch nicht schneller, weil du dann bestimmt mehr essen würdest, als wenn du langsam isst. Dein Sättigungsgefühl braucht so oder so 20 Minuten, bis es in deinem Kopf ankommt!

Ein Beispiel aus meiner Praxis:

Ich nenne meinen kleinen Patienten Klaus. Der kleine Klaus hat die Angewohnheit, immerzu Schokolade essen zu wollen. Egal wann. Er will Schokolade. Es ist gerade mal 10 Jahre alt und hat schon 15 Kilogramm zu viel auf der Waage. Jeder kann sich vorstellen, wie es Klaus geht. Er wird in der Schule gemobbt und ist immer unzufrieden und traurig. Klaus traut sich kaum noch, draußen mit Freunden zu spielen. Im Sportunterricht wird er immer als Letzter bei Gruppenspielen in die Mannschaft gewählt. Also sitzt er meistens zu Hause vor dem Computer und spielt irgendwelche Spiele, oder sitzt auf dem Sofa und guckt Fernsehen und isst dabei Schokolade. Den kleinen Klaus begleiten jetzt schon eine Menge unguter Gefühle.

Unsere Therapie hatte mehrere Bestandteile. Einen Teil beschreibe ich kurz und du kannst es als Übung gleich mitmachen.

Übung 5: Der Schokoladen-Klaus.

Ich ließ Klaus die Augen schließen und fragte ihn, was seine Lieblingsschokolade ist. Am liebsten aß er Vollmilchschokolade einer bestimmten Marke. Ich habe ihn auch gefragt, ob er diese Schokolade schon mal alleine gekauft hat. Ja, von seinem Taschengeld.

Okay. Jetzt durfte er in Gedanken in den Supermarkt gehen, wo er diese Vollmilchschokolade gekauft hat, und eine Tafel kaufen. Dann sollte er sich vorstellen, wie er sich darauf freut, die Tafel aufzumachen und zu essen. Er sollte abwarten, bis er in Gedanken zu Hause angekommen ist. Dann sollte er in seinem Kinderzimmer die Tafel öffnen. Ich beschrieb ihm, wie das Papier raschelt und die Folie knistert. Er roch die Schokolade. Jetzt sollte er in Gedanken einen Riegel Schokolade abbrechen und ein Stück abbeißen. Er lutscht das Stück Schokolade. Ich beschreibe ihm, wie die Schokolade im Mund zergeht, wie sie an den Zähnen und am Gaumen klebt. Denn wenn er die Schokolade lutscht, wird sie gefühlt immer mehr im Mund. Dann schluckt er die Schokolade runter und fühlt, wie sie die Speiseröhre entlang nach unten in den Magen fließt und den Magen füllt. Er sollte noch mal abbeißen und das zweite Stück Schokolade lutschen, fühlen, wie es immer mehr im Mund wird. Nachfühlen, wie die Schokolade die Zunge belegt und an den Zähnen und am Gaumen klebt. Dann runterschlucken und spüren, wie die Schokolade die Speiseröhre entlang in den Magen kommt und diesen weiter füllt. Jetzt sollte er den Rest des abgebrochenen Riegels in den Mund stecken und auch diesen lutschen und fühlen, wie die Schokolade im Mund zergeht, wie der Zucker an den Zähnen und am Gaumen klebt. Dann schluckt er deutlich sichtbar die imaginäre Schokolade mit Widerwillen hinunter. Er soll nachfühlen, wie sich der Magen mit der braunen Zuckermasse füllt.

So haben wir weitergemacht, bis die Tafel Schokolade leer war.

Dann habe ich ihn gefragt, ob er noch mehr Schokolade essen möchte. Seine Antwort war ein sehr unsicheres „Ja". Gut. Wir gingen dann in Gedanken zu dem Schrank, wo in seinem Zuhause die Schokolade üblicherweise liegt. Er sollte sie sich holen und damit wieder in seinem Zimmer verschwinden.

Jetzt sollte er die Schokolade schnell aufreißen und einfach abbeißen. In Gedanken lutscht er wieder das abgebissene Stück Schokolade und bemerkt, wie sein Magen immer voller wird. Die dunkle Zuckermasse verklebt seinen Magen. Es fühlt sich immer voller an.

Er soll wieder abbeißen, obwohl er jetzt ganz klar zeigt, dass er nicht mehr möchte. Jetzt soll er noch mal ganz langsam die Schokolade lutschen und spüren, wie sie an seinen Zähnen und seinem Gaumen klebt. Beim Schlucken beschreibe ich ihm ganz langsam, wie die Schokolade, die braune Zuckermasse, langsam die Speiseröhre hinunterfließt und seinen Magen weiter füllt.

Jetzt sagte er schon, dass er nicht mehr möchte.

Ich antwortete, dass er doch eben noch Schokolade essen wollte. Jetzt sei die Tafel auf, jetzt kann er sie auch aufessen.

Nein, er wollte nicht mehr, sonst müsse er spucken.

An dieser Stelle ließ ich ihn die Augen öffnen. Ich fragte ihn, ob er noch mehr Schokolade wolle. „Nein." Ich fragte weiter, ob er morgen wieder Schokolade essen wolle. „Nein." Ob er sich vorstellen kann, nächste Woche wieder Schokolade essen zu wollen. „Nein."

Im Nachhinein hat er mir verraten, dass ihm so schlecht war, wie schon ganz, ganz lange nicht mehr. Er hat wortwörtlich gesagt: „Schokolade ist ein Teufelszeug."

Das war nur eine kleine Sequenz aus unserer Arbeit. Wir haben außerdem noch die Verknüpfung gelöst, dass Schokolade sein Seelentröster war. Jetzt erfahren seine Mutter und sein Vater seine Sorgen und er schluckt sie nicht mehr mit Schokolade runter.

Ohne dieses ständige Schokoladeessen hat er innerhalb von 8 Wochen 5 Kilogramm abgenommen. Das ist eine Menge und vor allem sichtbar. Seine Mitschüler integrieren ihn viel besser und er wird von allen Seiten gelobt. Das hat sein Selbstbewusstsein gestärkt und ihn motiviert, weiterzumachen und noch gesünder zu essen.

In einer späteren Therapiestunde hat er mir erzählt, dass er jetzt auch nur noch stilles Wasser trinkt.

4) Finde deinen eigenen Weg zum Ziel.

Du hast in diesem Buch bisher erfahren, auf was du in Zukunft achten darfst, wenn du Lebensmittel einkaufen gehst. Du weißt jetzt, wie du dich selbst motivieren kannst und dass es überaus wichtig ist, dich zu entscheiden, was du möchtest. Du hast erfahren, warum ein Tagebuch so hilfreich ist und was du mental alles allein machen kannst.

Du konntest lernen, wie du dich tief entspannen und wie du in eine leichte Trance gehen kannst. Du hast außerdem erfahren, wie du angenehme Gefühle ankerst und sie schnell wieder abrufen kannst. Und du durftest ein klitzekleines Bisschen in meine Arbeit reinschnuppern.

Jetzt ist es an der Zeit, zu beginnen.

Wie nun am besten?

Das musst du für dich entscheiden! Was ist dir sympathisch? Welche Entspannungsmethode liegt dir mehr? Welche Sportart ist deine? Wann bewegst du dich im Alltag? Fährst du mit dem Fahrrad Erledigungen machen, oder zur Arbeit? Oder gehst du nach der Arbeit täglich spazieren? Schaffst du es, Aufgaben an deine Familie zu delegieren oder glaubst du, dass sie es eh nicht gut genug machen, und dass du es gleich allein machst, dann ist es wenigstens so, wie du es möchtest? Schaffst du es, deinen inneren Schweinehund zu überzeugen, oder suchst du weiter nach Ausreden?

Deinen Weg finden bedeutet auch gleichzeitig ANFANGEN!

Beginne jetzt, wenn du es bisher noch nicht getan hast, einen Plan zu machen. Wann tust du was?

Plane, wann deine Entspannungszeit ist.

Plane, wann du Sport machst.

Schreibe dir auf, wie du dich täglich bewegst (zum Beispiel der tägliche Spaziergang, oder die Treppen steigen, anstatt die Rolltreppe oder den Fahrstuhl zu nutzen). Du weißt ja, wenn du es aufschreibst, ist es für dich verbindlicher!

Schreibe dir deine Zwischenziele und dein Endziel auf! Mache es verbindlich, mit Kilogrammzahlen.

Denke daran, langsames Abnehmen ist gesünder. Damit verhinderst du den Jo-Jo-Effekt.

Schreibe dir deine Lieblingsaffirmationen an viele Stellen, wo du sie öfter am Tag sehen kannst. Du könntest natürlich auch ein Bild nutzen. Manchmal ist es so, dass ein Bild eine bestimmte Affirmation widerspiegelt. Du könntest dir dieses Bild, welches du mit der Affirmation assoziierst, an deinen Badspiegel hängen. Dort siehst du es mindestens zweimal täglich. Oder du hängst es dir an den Kühlschrank.

Übrigens, dieses Bild wäre dann ein visueller Anker für ein gutes Gefühl.

Wenn du so weit bist, dass du dich entschieden hast, dein Ziel auch wirklich zu erreichen, beginne wieder auf dich und deine Intuition zu hören. Spüre nach, welche Umgebung und welche Menschen dir gut tun. Es ist schöner und weitaus sinnvoller, dich in deinem Leben mit schönen und wertvollen Dingen zu umgeben. Freunde, die dich in deinem Vorhaben unterstützen, sind wertvoller als Menschen, die dir ständig sagen wollen, wie es besser geht als so, wie du es tust.

Rituale werden dich stützen. Verlasse alte Muster!

Übung 6: Verlasse alte Muster!

Übe, wie du die Verkettung von Ursache und Wirkung löst, wie du also eine unerwünschte Verhaltensweise änderst.

Auch hier übst du mit einer Vorstellung.

Lasse deine unerwünschte Verhaltensweise zu einem Bild werden! Es ist vor deiner Nase zu sehen und vielleicht sogar zu fühlen. Du siehst es lebensgroß und in Farbe.

Jetzt schiebe es immer weiter weg von dir. Langsam immer weiter weg. Bis zum Horizont.

Dort hinten ist es nur noch ein kleiner unbedeutender schwarzer Punkt.

Vor dort hinten holst du dir ein Bild aus deiner Zukunft. Ein Bild, das dich schlank und gesund zeigt, mit wunderschönen Farben. Tauche ein in dieses Bild. Vereine dich mit dem Bild. Und spüre, wie es dir jetzt geht.

Öffne deine Augen.

Wiederhole diesen Vorgang bis zu 10 Mal.

So fällt es dir viel, viel leichter, eine alte Verhaltensweise, ein altes Muster aufzugeben. Du wirst immer deutlicher spüren, dass du dieses Muster nicht mehr benötigst.

Denke an deine rote Lebenslinie, an der die verschiedenen bunten Bilder aus deiner Vergangenheit hängen. Dort kannst du auch deine jetzt abgelegte Verhaltensweise einordnen. Schiebe sie hinter dich. Dorthin, wo sie hingehört. In deine Vergangenheit.

Deine Vergangenheit ist übrigens auch „gestern".

Lass Neues und Gutes, was du jetzt in dein Leben integrierst, zu deiner Gewohnheit werden!

Was kann zu deiner neuen Gewohnheit werden? Der Sport? Das gesunde Essen? Ein Familienritual, zum Beispiel der Sonntagsspaziergang? Kann es zu deiner Gewohnheit werden, dass du ab jetzt nur noch stilles Wasser trinkst? Lass es zu deiner Gewohnheit werden, dir täglich 30 Minuten Zeit für dich zu nehmen, um dich zu entspannen und deine Tranceübungen zu machen!

Was kann ein Ritual für dich sein? Kann es ein Ritual werden, dich zu belohnen, wenn du ein Etappenziel erreicht hast? Belohnen kannst du dich mit einem Wellnesstag nur für dich oder mit deiner besten Freundin, deinem Freund oder Partner. Du könntest dich mit einem neuen Kleidungsstück belohnen oder mit einem Besuch in deinem Lieblingscafé.

Wie möchtest du in Zukunft mit der Meinung von anderen umgehen? Werden sie dich aus der Bahn werfen? Oder wirst du nur noch die positiven Meinungen annehmen und für dich werten?

Und ganz klar ist es so, wenn dich schwere Themen und Probleme blockieren, dass du dir professionelle Hilfe suchen solltest. An tiefen Themen kannst du nicht allein arbeiten, das würde nicht effizient und außerdem außerordentlich schwer sein. Es gibt viele sehr gute Therapeuten. Schau im Internet nach und rufe dann vor allem auch an und vereinbare ein Beratungsgespräch mit dem Therapeuten, der oder die dir „auf den ersten Blick" im Internet gefallen hat. Und ganz klar hilft Hypnosetherapie. Aber die anderen Methoden sind auch nicht außer Acht zu lassen.

Andere therapeutische Möglichkeiten, falls du keinen geeigneten Hypnotherapeuten findest, wären:

- Körperpsychotherapie
- Gestalttherapie
- Gesprächstherapie

Hier sind meine letzten motivierenden Sätze in diesem Buch für dich:

Du wirst erfolgreich abnehmen, weil du deine Ernährung jetzt mit der Hilfe dieses Buches umstellen wirst.

Du wirst erfolgreich abnehmen, weil du jetzt weißt, wie wertvoll eine gesunde Ernährung für dich ist.

Du wirst erfolgreich abnehmen, weil du ab sofort deinen Zuckerkonsum deutlich reduzieren wirst.

Du wirst erfolgreich abnehmen, weil es zu deiner Gewohnheit wird, dich täglich zu bewegen.

Du wirst erfolgreich abnehmen, weil du die für dich passende Sportart gefunden hast und diese mit viel Freude ausübst.

Du wirst erfolgreich abnehmen, weil du gelernt hast, dich tief zu entspannen.

Du wirst erfolgreich abnehmen, weil du täglich in Trance gehen wirst.

Du wirst erfolgreich abnehmen, weil du Affirmationen täglich sprichst und in dein Unterbewusstsein aufnimmst.

Du wirst erfolgreich abnehmen, weil dich dieses Programm dahin begleitet, selbstbewusster zu werden.

Du wirst erfolgreich abnehmen, weil du dich mit dieser Methode jeden Tag motivierst.

Du wirst erfolgreich abnehmen, weil du dich auf dich konzentrierst und deine innere Mitte wiedergefunden hast.

Du wirst erfolgreich abnehmen, weil du dich zu hundert Prozent dafür entschieden hast, dein Idealgewicht zu erreichen.

Du wirst erfolgreich abnehmen, weil du mit diesem Programm gelernt hast, zu dir zu finden, dich selbst anzunehmen und dich zu lieben.

Anfangs habe ich geschrieben, dass Begrifflichkeiten für unser Unterbewusstsein sehr wichtig sind. Erinnerst du dich? So wie du zu dir sprichst, handelst du mit dir. Es ist viel schwieriger an einem Ziel dran zu bleiben, wenn du negativ mit dir und anderen darüber sprichst oder denkst. Also lies dir noch einmal die Motivationssätze von mir durch! Daran kannst du dich orientieren. Sie sind durchweg positiv und auch als Affirmationen für dich gedacht.

Und was ist nun die wahrscheinlich beste Methode der Welt?

Genau die, die in deinem Tagebuch steht!

So schaffst du es, wenn du es wirklich willst und dranbleibst.

Alles Gute – und scheue dich nicht, mir eine E-Mail mit deinen Fragen zu schreiben.

Kerstin Böcker

www.intherki.de

post@intherki.de